음양이 뭐지?

음양이 뭐지?

ⓒ 전창선, 어윤형

초판 1쇄 발행 2009년 11월 16일
초판 13쇄 발행 2023년 12월 15일

지은이 전창선, 어윤형
펴낸이 조동욱

펴낸곳 와이겔리
  등록 제2003-000094호
  주소 03057 서울시 종로구 계동2길 17-13 (계동)
  전화 (02)744-8846
  팩스 (02)744-8847
  이메일 aurmi@hanmail.net
  블로그 http://blog.naver.com/ybooks

  ISBN 978-89-954610-9-9 04150
  ISBN 978-89-954610-8-2 (세트)

* 책값은 뒤표지에 있습니다.
* 잘못 만들어진 책은 바꿔 드립니다.

젊은 한의사가 쉽게 풀어 쓴 음양오행

음양편

음양이 뭐지?

陰陽

전창선·어윤형 지음

와이겔리

초판 서문

　대학 시절 술집 한쪽 모퉁이에 모여 앉으면 고량주에 불을 붙이던 친구가 있었습니다. 그 친구는 "술에는 물과 불이 섞여 있어. 그것이 바로 음양의 본질이야."라며 자연의 섭리에 대해 열변을 토했습니다.
　음양과 오행! 이 말을 하지 않고 동양을 이야기할 수가 있을까요?
　유불선(儒佛仙)의 종교 세계, 천문(天文)과 지리(地理), 어렵고도 신기한 역(易)과 기문둔갑(奇門遁甲), 흥미로운 사주(四柱)와 관상(觀相), 단전호흡(丹田呼吸), 무속(巫俗)의 신명 세계(神明世界)……. 정치, 의학, 문학, 건축, 미술, 음악 등에 깃든 심오한 사상들…….
　동양의 문화유산들은 바다와 같이 넓고 깊습니다. 그리고 그것들이 하도(河圖)와 낙서(洛書)에 의해 이루어진 '음양오행'이 뿌리가 되어 형성되었음을 부정할 수 없습니다. 그럼에도 불구하고 의외로 많은 이들이 음양오행의 참뜻을 모르며, 심지어는 오도하고 있습니다.
　"비인(非人)이면 부전(不傳)이라."

이 말은 '진리는 그것을 받을 만한 사람이 아니면[非人] 전해 주지 않는다[不傳].'는 뜻입니다. 그렇기에 동양 정신세계의 심오한 진리는 소수의 몇 사람을 제외하고는 알지 못했습니다. 그 결과 음양오행의 참뜻은 숨어 버리고 신비와 미신의 너울을 쓰고 만 것입니다. '신비(神秘)'는 내용이 밝혀지기 전까지만 쓸 수 있는 말입니다. 밝혀진 후에는 이미 신비가 아닙니다. '미신(迷信)'이란 미혹된 믿음입니다. 아무리 진실된 뜻도 신비에 가려져 있으면 미신과 야합합니다. 허무맹랑한 거짓이 판치는 것입니다.

　신비는 벗겨져야 합니다.

　미신은 배척되어야 합니다.

　이제 동양은 깨어나고 있습니다. 그리고 어느 때보다 우리 것에 대한 관심이 높아지고 있습니다. 바로 지금이 음양오행을 올바르게 이해해야 할 때입니다. 음양오행을 올바로 이해하면 뿌연 안개로 뒤덮인 동양의 바다를 항해하는 데 필요한 나침반을 얻게 될 것입니다. 음양오행을 알지 못하면 미신과 신비의 안개 속에서 방향을 잃고 헤맬 수밖에 없습니다.

　이 글은 동양의 세계에 뛰어들어 오랫동안 길을 잃고 헤매던 저희 필자들이, 같은 길을 걷고 있는 많은 이들에게 보내는 작은 보고서입니다. 부디 이 글이 열정 가득한 동도(同道)의 길에 작은 등불이 되길 기원합니다.

개정판
서문

　동양 학문에 뛰어들어 안개 속을 헤매며 고민하던 '젊은 한의사 두 사람'이 나름으로 알게 된 내용을 정리하여, '음양오행'에 관한 미숙한 글을 책 세 권으로 낸 지 벌써 십 수년이 지났습니다.

　이 책들이 저희의 예상과 달리, 1994년 2월에 초판이 나온 이후 오랫동안 살아남아 팔리고 있어 항상 감사히 여기고 있었습니다. 하지만 전 출판사의 사정으로 더는 출간이 안 되는 안타까운 상황에 이르게 되었고, 때마침 와이겔리 출판사가 재출간의 기회를 마련해 주어 기쁘기 이를 데가 없습니다.

　음양오행의 공부는 '완성'이 없습니다. 항상 '과정'일 뿐입니다. 그래서 저희는 못난 구석이 더러 보이는 이 글들을 첨삭 없이 처음 원고 그대로 다시 세상에 내보내기로 결심했습니다. 여전히 '젊은 한의사'라는 이름을 달고서.
　《음양이 뭐지?》,《오행은 뭘까?》,《음양오행으로 가는 길》, 이 세

권의 개정판은 내용에 있어 처음 출간될 때와 같습니다. 다만, 각 권의 삽화는 김관형 작가의 노고로 새로이 단장되었습니다.

　많이 부족하지만, 이 글들은 저희 두 사람 젊은 날의 초상입니다. 그 시절의 저희와 같은 길을 걷는 이들에게, 초판 서문의 바람처럼, 변함없이 작은 등불이 되길 기원합니다.

　　　　　　　　　　　　2009년 10월 어윤형 전창선

차례

초판 서문　　4
개정판 서문　　6

1장 잃어버린 원을 찾아서

우리의 둥근 원 ······································ 15
사람의 몸속에 살아 숨 쉬는 바다 ·················· 17
하나를 알면 만을 안다 ······························ 20
원은 어디에서 오는가? ······························ 22
단순한 공간은 시간의 원운동을 한다 ··············· 24
다이아몬드와 흑연 ··································· 25
시간과 공간은 둘인가, 하나인가? ··················· 27
신선놀음에 도낏자루 썩는다 ························ 31
어린 왕자의 눈에만 보이는 코끼리 ················· 34
잃어버린 원을 찾아서 ································ 36
얻기 위해 비우자 ····································· 39

2장 우주를 낚는 그물

음양이란? ··· 45
우주를 낚는 그물 ····································· 46
음양(陰陽)의 탄생 ···································· 48
음양(陰陽)을 깨닫기 위하여 ························· 54

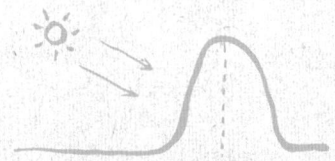

3장 세상을 보는 음양의 눈

하나. 짝이 있는 우주 59
  생쥐와 녹색식물 61
  고향으로 돌아가는 연어 63
  꽃들의 유혹 65
  뱀을 먹는 돼지 67
  쥐와 고양이 69
  도(道)란 무엇인가? 71
  결혼을 하지 않으면? 73
  반상의 질서 75
  하늘과 땅이 이루는 짝 77
  천지(天地)의 바둑 82
  머릿속에 떠 있는 해와 달 84
  몸속을 밝히는 별, 성신(星辰) 88
  여자는 월경, 남자는 수염 91
  삶과 죽음의 원운동 94
  음양의 상대성 100

둘. 홀로 있는 우주 103
  몸과 맘 105
  블랙홀은 우주의 자궁 107
  따뜻한 남자, 차가운 여자 109
  딱딱한 오징어, 부드러운 쇠 116
  오징어에 체(滯)하면 오징어를 먹는다 118
  여름엔 삼계탕, 겨울엔 냉면 120
  자석과 지구, 그리고 우주 123
  1+1=0 ?! 127

심자 중앙지태극야(心者 中央之太極也) ······· 132
마음은 어디에 있을까? ······························ 135
만 가지 법(法)은 하나로 돌아간다 ············ 139
음양의 일원성 ··· 141

셋. 밝혀지는 우주 ··································· 143
결정되어야 할 음과 양 ································ 145
누가 주인인가 ·· 146
배우고 생각하지 않으면 ······························ 149
주인과 손님은 바뀐다 ································· 152
소심(笑聟)과 흙탕물 ···································· 155
식물과 동물 ·· 159
버섯과 선인장 ·· 165
살찌는 체질과 마른 체질 ···························· 170
산삼은 명당에 나는 영약(靈藥) ·················· 172
체질의 한(寒)과 열(熱) ································ 177
당신의 주인은? ·· 180
녹용(鹿茸)의 효능 ······································· 182
약(藥)을 보는 법 ··· 187
진맥(診脈)이란? ··· 192
풍수지리(風水地理)와 명당(明堂) ··············· 195
명당(明堂)의 발복(發福) ····························· 199
음(陰) 속에 양(陽)이 있고, 양(陽) 속에 음(陰)이 있다 ··· 204
주인과 손님은 어디서 오는가? ··················· 208
음양의 역동성 ·· 215

4장 나는 누구인가

- 음양으로 풀어본 컴퓨터 ·········· 219
- 인간과 지구의 중심(中心) ·········· 222
- 사람의 삼극(三極) ·········· 228
- 단전(丹田)이란 ·········· 230
- 수승화강(水升火降) ·········· 235
- 임맥(任脈)과 독맥(督脈) ·········· 238
- 월인천강(月印千江)과 만법귀일(萬法歸一) ·········· 243
- 뇌 속에 살고 있는 해태 ·········· 245
- 몸과 마음의 행로 ·········· 247
- 신체발부는 수지부모라 ·········· 252
- 램프의 요정 ·········· 254
- 중용(中庸) ·········· 256
- 삼태극(三太極) ·········· 258
- 시각 바꾸기 ·········· 260

음양을 마치면서   264

1장
잃어버린 원을 찾아서

우리의 선조들은 눈에 보이지 않는
위대한 정신을 남겼습니다.
그 보물은 둥근 원 속에 숨어 있습니다.
이제 음양과 오행을 통해
우리의 잃어버린 원을 찾아봅시다.

우리의 둥근 원

동양의 원(圓)인 태극도(太極圖)입니다. 태극도는 어떤 의미를 가지고 있을까요?

일전에 어느 대학 교수가 외국에서 개최된 학술 대회에 참석해 자신의 연구 결과를 발표한 적이 있었습니다. 그분이 발표를 성공적으로 마치고 연회가 베풀어졌을 때, 각국의 학자들은 자연스레 어울려 담소를 나누었습니다. 그 자리에서 우연히 합석한 벽안(碧眼)의 한 학자가 이렇게 질문을 했습니다.

"선생은 한국에서 오셨는데 불교와 동양 사상에 대해 한 말씀해 주시지요."

그 교수는 갑작스러운 질문에 난처해져서 "저는 서양 학문을 전공한 사람이라 동양 사상은 잘 모릅니다."라고 했답니다.

그러자 서양인 학자는 벌떡 일어나며 "동양인이 동양 사상을 모르고 서양 학문을 하다니! 당신의 학문은 모래 위에 집을 지은 것과 다름없소."라는 말만 남기고 총총히 사라졌습니다.

다시 한 번 묻겠습니다.

앞 페이지에 그려진 태극도는 동양의 원입니다.

우리는 태극도에 대해 얼마나 이해하고 있나요?

서양은 물질문명에 대한 반성과 그 해결책으로 동양으로 눈을 돌리고 있습니다. 다가올 21세기에는 동양의 정신문화와 서양의 물질문명을 대통합하여 신문명(新文明)을 창조해야 합니다. 신문명 창조의 주역은 우리 자신입니다. 그리고 동양 정신문화의 주인은 바로 우리입니다. 그런데 주인이 자기 것도 모르면서 남의 것만 알아봤자 무슨 소용이 있겠습니까? 자기 것을 이해하고 소중히 여기는 사람만이 남들과 동등해질 수 있는 것입니다.

동양의 원은 우리의 아버지가, 우리의 아버지의 아버지가 굴리던 드높은 정신의 굴렁쇠입니다. 그리고 그 원은 오늘날 물질문명의 폐해를 해결해 더 나은 내일의 정신적 바탕으로 승화될 것입니다. 우리는 우리의 것이며, 소중한 선조의 유산인 동양의 원을 이해해야 합니다.

음양오행(陰陽五行)은 동양의 원을 이해하기 위한 학문적 접근 방법입니다.

한 걸음 한 걸음씩 가장 쉬운 방법으로 자연의 둥근 원을 걸어가 봅시다.

사람의 몸속에 살아 숨 쉬는 바다

인간의 생명을 상징하는 것 중의 하나는 혈액입니다. 혈액의 흐름이 멈추면 물질대사는 곧 정지하게 되고 인간은 죽음을 맞이하게 됩니다. 그런데 사람의 몸속에 바다가 살아 숨 쉰다는 게 무슨 말일까요? 혈액 속에는 우리의 흥미를 끄는 중요한 비밀이 숨어 있습니다.

자! 피 한 방울을 현미경 위에 올려놓고 관찰해 봅시다. 끈기 있는 액체 속에 떠 있는 작은 원첼 도넛 같은 것들이 보입니다.

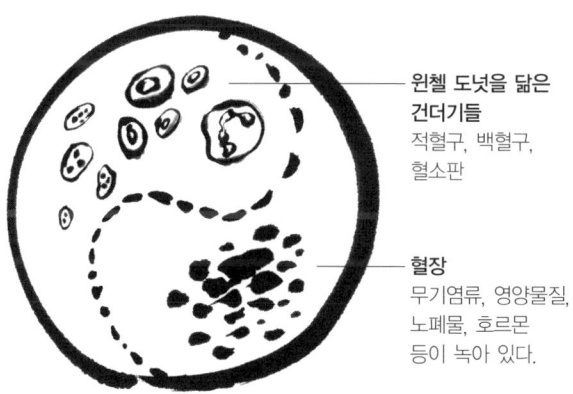

원첼 도넛을 닮은 **건더기들**
적혈구, 백혈구, 혈소판

혈장
무기염류, 영양물질, 노폐물, 호르몬 등이 녹아 있다.

피 한 방울을 태극으로 비유해 보았습니다. 물질로 형성된 건더기들은 양방(陽方)에 모아보고, 비어 있는 듯하지만 가득 차 있는 혈장은 음방(陰方)에 두었습니다.

여러분 눈에 보이는 도넛들은 적혈구, 백혈구, 혈소판 등입니다. 건강한 사람의 피에는 작은 도넛들이 약 45%, 혈장이 약 55%의 부피를 차지합니다. 혈장이란 작은 도넛들을 모두 건져내고 남은 끈기있는 액체를 말합니다.

그런데 우리를 놀라게 하는 것은 바로 혈장입니다. 혈장에는 여러 가지 무기염류들이 녹아 있는데, 그 무기염류의 조성 비율이 바닷물에 녹아 있는 무기염류의 조성 비율과 거의 같습니다. 차이가 있다면 바닷물이 사람의 피보다 3배 정도 진할 뿐입니다.

건더기를 제거한 사람의 피가 바닷물과 거의 유사하다니 믿을 수 있습니까? 사람의 몸속에 바닷물 같은 것이 흐르며 생명을 지키고 있다는 것을 상상할 수 있나요? 심장이 끊임없이 박동하는 것도 바다와 닮았습니다. 피가 동맥을 통해 모세혈관까지 밀물처럼 밀려오고, 정맥을 통해 썰물처럼 빠져나가는 반복 운동은 태곳적부터 지속되고 있는 푸른 바다의 조수와도 같습니다.

자식은 태어날 때 부모의 유전 형질을 받아서 태어납니다. 부모 역시 자기가 가지고 있는 유전 형질 외의 것을 자식에게 전할 수 없습니다. 한의학에서는 인간이 우주의 소산이며, 인간 역시 소우주라고 합니다. 따라서 인간은 태어날 때부터 우주 자체의 유전 형질을 받고 태어나게 됩니다.

인간을 소우주라 한다면 지구 역시 우주의 소산이며 소우주라 할 수 있습니다. 그러면 지구를 하나의 생명체로 볼 때 지구의 표면에 있는 바다는 무엇일까요? 바다는 바로 지구의 혈액입니다. 여기서 우리는 우주가 인간을 태어나게 하고 지구를 만들고 삼라만상을 생성할 때 동일한 질료를 사용하지 않았나, 또한 동일한 설계도를 사용하지 않았나 하고 의문에 부딪치게 됩니다.

'인간은 자연을 지배하고 우주에서 특별한 존재다.'라는 오만과 관계없이 우리 몸의 96%가 우주에서 가장 흔한 탄소(C), 질소(N), 수소(H), 산소(O) 네 가지 원소로 구성되어 있다는 사실이 이러한 의문을 더욱 부채질합니다.

하나를 알면 만을 안다

그렇다면 우주(宇宙)는 어떤 뜻을 가지고 있을까요?

우(宇)는 동서남북(東西南北)과 상하(上下)를 뜻하고, 주(宙)는 고금왕래(古今往來)를 뜻합니다.* 현대적인 의미로 바꾸면, 우주란 공간과 시간을 말하고 있는 것입니다. 동양에서는 일찍이 공간과 시간이 합일(合一)되어 우주가 이루어져 있다고 보았습니다. 조물주가 베틀에 걸터앉아 시간을 날줄로 하고 공간을 씨줄로 하여 삼라만상의 조화를 짜내고 있다고 본 것입니다.

그렇습니다. 우주는, 우리의 눈에 보이는 물질적 형태로서의 공간과 보이지는 않지만 공간의 이면에서 끊임없이 규칙적으로 흘러가는 시간으로 이루어져 있는 것입니다.

우주를 관찰하는 동양의 기본적인 사유 방법을 일본만수(一本萬殊)라 합니다. 이 말은 하나로써 만 가지를 유추한다는 뜻입니다. 즉 우주간의 어느 공간이나 어느 순간이든 하나의 대원칙에 의해 지배되고 해석되어진다는 것입니다. 따라서 동양의 자연주의 사유 방법은 연역적으로 추론하고 있음을 알 수 있습니다.

바닷물의 맛을 알기 위해 바닷물을 모두 마셔 봐야 한다고 생각

---

* 四方上下謂之宇 往古來今謂之宙 ─《회남자(淮南子)》

하는 사람이 있습니까? 바닷가에서 한 모금만 마셔 봐도 바닷물이 짜다는 것을 금세 알 수 있는 것입니다.

  대우주를 바다라고 가정한다면 인간, 들풀, 나무, 돌, 지구, 태양계, 이 모두가 하나의 소우주이며 한 모금의 물과도 같습니다. 특히 인간을 소우주라 하는 것은 천지간에 인간이 대우주의 본질을 가장 많이 가지고 있기 때문입니다. 이러한 해석은 인간 스스로의 아전인수격 해석이 아닙니다. 여러분들이 이치에 밝아지고 자연의 섭리를 이해하게 되면 천지간에 인간이 얼마나 소중한 존재인가를 알게 될 것입니다. 어쨌든 한 모금의 바닷물로 바다 전체가 짜다는 것을 알 수 있듯이, 소우주를 관찰함으로써 대우주 전체의 숨은 뜻을 역추론할 수 있는 것은 물론입니다.

원은 어디에서 오는가?

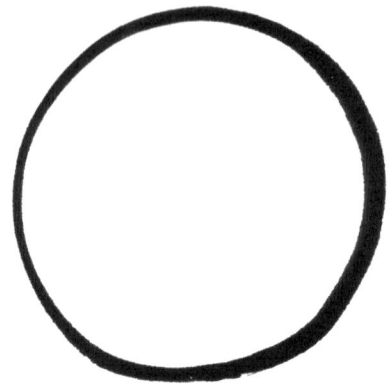

우리는 이제 시간과 공간이 일대일로 합쳐져 우주가 존재하고 있다는 것을 알았습니다.

공간은 복잡하게 여러 가지 형상을 이루고 있지만 우리 눈에 쉽게 포착됩니다.

그런데 시간은 어떻게 관찰할 수 있을까요?

시간은 손으로 만질 수도 없고 눈으로 볼 수도 없습니다.

단지, 우리가 알 수 있는 것은 끊임없이 동일한 속도로 흘러가고 있다는 점입니다. 하루가 25시가 되었다가 23시가 되는 것을 본 적이 없지요? 시간이란 인간이 편의상 나눈 계산과 관계없이 태초부터 지금까지 영속적으로 동일한 속도로 흘러왔습니다. 시간은 바로 이러한 특징 때문에 여러 가지 형태를 가진 복잡한 공간의 내부에서 변함없는 질서를 제공하고 있습니다.

그렇다면 과연 인간의 예지로 시간을 관찰할 수 있을까요?

결론부터 이야기하자면 시간은 원운동을 하고 있습니다. 우리 눈에는 보이지 않지만, 현상계(지각이나 감각으로 경험할 수 있는 세계)에 일으키는 변화를 통해 시간의 발자취를 찾아낼 수 있습니다. 이러한 시간이 현상계에 자기의 모습을 가장 뚜렷하게 드러내는 경우는 두 가지입니다.

그 경우는 바로 하루와 일 년입니다. 하루는 낮과 밤의 변화를 일으키는데, 낮이 다하면 밤이 되고 밤이 다하면 다시 낮이 됩니다. 또한 일 년은 봄, 여름, 가을, 겨울의 계절 변화를 일으키는데, 역시 순서대로 규칙적으로 순환하는 원운동을 하고 있습니다. 그래서 동양에서는 전통적으로 60년을 순환 주기로 해서 햇수를 계산했습니다. 현재 우리가 사용하고 있는 서기 2009년은 서양의 직선적 사고를 바탕으로 해서 계산하는 것으로 잘못 판단하면 시간이 한없이 미래로만 직선적으로 흘러간다고 여기는 오류를 범할 수 있습니다.

원은 시간의 운동에서 오는 것입니다.

단순한 공간은 시간의 원운동을 한다

　유형(有形)으로 존재하는 공간과 달리 무형(無形)으로 존재하는 시간은 관찰하기 어렵습니다. 그러나 시간이 원운동을 하고 있는 본모습을 확연히 드러내는 경우가 있는데, 그 대표적인 예로 원자와 행성을 들 수 있습니다.

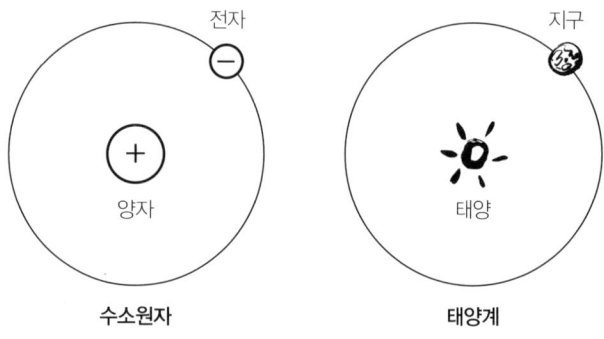

단순한 공간은 원운동을 통해 스스로 완벽함을 보여줍니다.

　극히 작은 원자의 구조와 극히 큰 행성의 구조를 살펴보면 동일한 원운동이 나타나는데, 왜 그럴까요? 그것은 바로 단순하다는 공통점 때문입니다.
　이 단순함에서 비로소 우주는 자신의 시공적(時空的) 본모습을 드러내고 있는 것입니다.

다이아몬드와 흑연

지금까지 우리는 시간과 공간을 통해 우주의 기본적 개념을 이야기했습니다. 그러나 시간과 공간이라는 말만으로는 우주의 비밀을 푸는 데 부족합니다. 여기서 우리는 공간의 개념을 대신하여 '형체'라는 표현과, 시간의 개념을 대신하여 '내부의 질서'라는 표현을 써 봅시다.

자연계의 모든 생물과 무생물들이 존재하기 위한 기본적인 조건은 형체와 내부의 질서입니다. 조약돌과 시냇물, 들판의 푸른 나무들, 물고기와 새 그 어느 것 하나도 이 조건에서 벗어나지 않습니다. 심지어 인간이 만든 플라스틱, 제련된 금속 등도 형체와 내부의 질서로 구성되어 있습니다.

형체는 눈으로 볼 수 있으니 느낄 수 있지만 내부의 질서라는 말은 역시 모호하게 느껴질 것입니다. 내부의 질서는 시간처럼 눈에 보이지 않으니 말입니다.

그렇지만 내부의 질서가 얼마나 중요한가 예를 들어 봅시다.

다이아몬드는 빛나고 투명하며 단단한 형체를 가지고 있습니다. 그 아름다움에 걸맞게 엄청나게 비쌉니다. 다이아몬드의 형체를 쪼개고 쪼개어 원자 단위까지 나누어 봅시다. 그 결과 빛나고 아름다

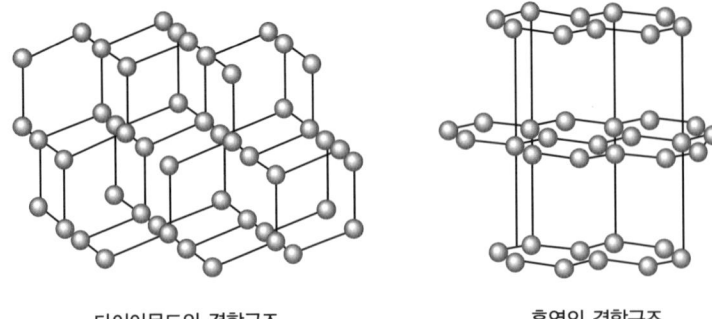

다이아몬드의 결합구조   흑연의 결합구조

웠던 다이아몬드가 단순한 탄소(C)와 탄소의 결합으로 이루어졌다는 것을 알 수 있습니다.

　내부의 질서란 바로 탄소 원자의 배열이나 결합 질서를 뜻하는 것입니다. 만약 다이아몬드 내부의 질서를 바꾸어 탄소 원자의 배열이나 결합 질서를 바꾼다면 어떻게 될까요?
　다이아몬드는 한순간에 시커먼 흑연 덩어리로 바뀌고 맙니다. 흑연 역시 단순한 탄소와 탄소의 결합으로 이루어져 있기 때문입니다.

　이와 같이 내부의 질서는 그 형체를 결정하고 있습니다.
　내부의 질서가 얼마나 중요한지 알 수 있겠습니까?

시간과 공간은 둘인가, 하나인가?

《대반야경》의 정수(精髓)인 《반야심경》을 보면 색*즉시공(色卽是空), 공**즉시색(空卽是色)이라는 말이 나옵니다. 다양하게 해석할 수 있겠지만 우선 '색(色)'을 '보이는 것', '공(空)'을 '보이지 않는 것'으로 생각하고 이야기해 봅시다.

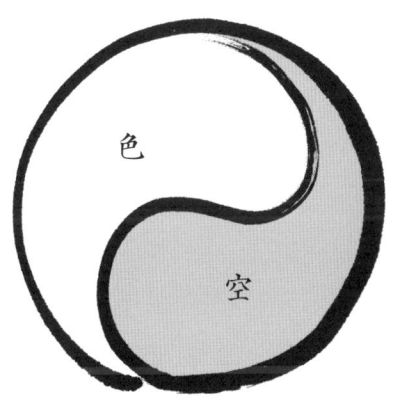

보이는 것이 곧 보이지 않는 것이고, 보이지 않는 것이 곧 보이는 것이다?!

* 색(色)이란?
卪(人+卩) → 色
'卩'는 '절(節)'의 본자입니다. 여러 가지로 해석할 수 있으나 만물은 마디[節]를 만났을 때 제 모습을 드러낸다는 뜻입니다. 이와 같이 자신을 드러낸 것을 색(色)이라 하는데, 그 모습은 허상(虛像)이라는 사실입니다. 색이란 물체의 에너지와 빛에너지가 반응해 일으키는 허상에 불과할 뿐입니다.

** 공(空)이란?
구멍[穴] 속에 장인[工; 천지를 빚어내는 장인]이 있어 겉으로 보기에는 고요하나 보이지 않는 내부에서는 우주의 설계가 진행되고 있습니다. '공(空)'은 '무(無)'와 근본적으로 다른 뜻입니다. '무(無)'는 본체가 없어 겉으로 작용만 진행되는 것이고(無極), '공(空)'은 작용이 없어 고요해 보이나 내부의 본체는 생동하고 있습니다(太極).

무슨 이런 말장난이 있을까요? 그렇지만 말장난이 아닙니다.
깨달으신 분의 말씀에는 대자연의 진리가 숨어 있습니다. 부처의 말씀을 간단한 실험으로 현실화시켜 볼까요? 이 실험에는 복잡한 실험 도구가 필요 없습니다. 영국의 과학자 뉴턴(Isaac Newton, 1642~1727)처럼 삼각형의 프리즘만 준비하면 됩니다.

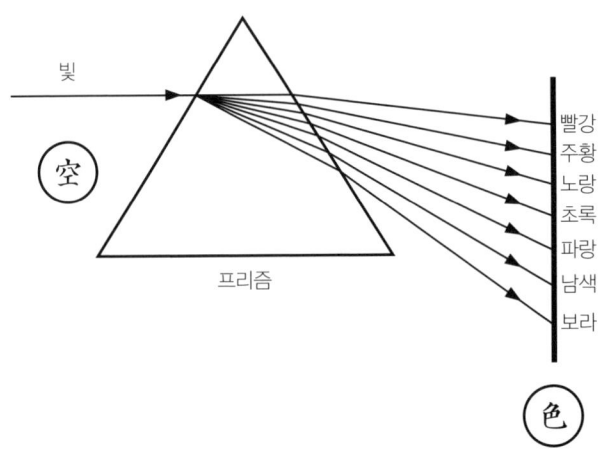

태양 광선을 프리즘에 통과시켜 스크린에 비추면 현란한 무지개 빛깔이 나타납니다. 무색의 빛이 현란한 일곱 가지 무지개로 바뀐 것입니다. 보이지 않는 것이 곧 보이는 것으로 현실화된 것을 알 수 있습니다.

그렇다면 이제 아인슈타인(Albert Einstein, 1879~1955)의 물리학적

해석을 통해 확인해 봅시다. 아인슈타인은 상대성 이론에서,
'$E=mc^2$'의 공식을 유도해냈습니다.

여기서 E는 에너지를 뜻하고 m은 질량, 그리고 c는 광속을 뜻하는 상수입니다. 상수를 제거하고 이 공식을 봅시다.

그러면 '$E=m$'이 됩니다.

이것은 에너지가 곧 질량이라는 뜻입니다. 눈에 보이지 않는 무형의 에너지가 눈에 보이는 유형의 질량이라는 말입니다.

"보이지 않는 것이 곧 보이는 것이다."는 말은 대자연의 철리(哲理)입니다. 무형(無形)은 유형(有形)으로, 유형은 무형으로 끊임없이 순환하며 늘어나고 줄어듦도 없이 이어져 가고 있는 것이 우주의 실상입니다.

처음의 의문을 다시 생각해 봅시다.
시간*과 공간은 둘일까요,
하나일까요?
공간은 눈에 보이는 것이고,
시간은 눈에 보이지 않습니다.

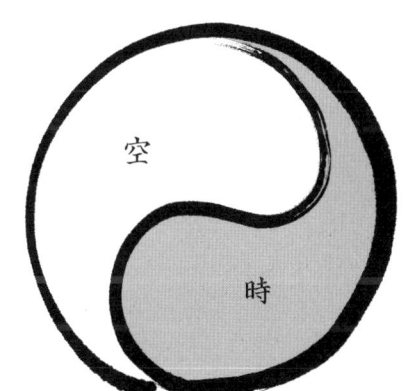

＊ **시간(時間)이란?**
시(時)는 태양[日]이 운행하다가 토(土)를 만나 마디[寸; 정지]를 이룬 것입니다[日+土+寸→時]. 물론 태양이 정지하는 것은 아닙니다. 여기서 말하는 시(時)란 운행하는 모든 과정 속의 '불연속점'을 말합니다. 그리고 그 불연속점들은 모두 토(土)로 이루어졌다는 것을 뜻합니다. 즉 시간(時間)이란 이러한 불연속점을 이루는 시(時)와 시(時) 사이를 뜻합니다.

공간*은 색(色)이라 할 수 있고,
시간을 공(空)이라 할 수 있겠지요.
"보이는 것이 곧 보이지 않는 것이다."라는 말을 이해하면 '공간이 곧 시간이다.'라는 공식이 성립됨을 알 수 있습니다. 거꾸로 '시간이 곧 공간이다.'라는 말도 가능합니다.
생각이 복잡해지나요? 어려워하실 필요는 없습니다.
우주의 실상은 가장 쉽고 단순합니다.

이처럼 쉽고 단순한 우주의 실상을 이해하기 위해서는 경직되어 있는 기존의 편견을 버려야 합니다. 잘못된 기준과 판단을 버리고 마음을 열고 바라보면 우주는 자신의 본모습을 남김없이 보여줍니다.

다시 생각해 봅시다.
공간과 시간은 둘일까요, 하나일까요?
그 해답은 둘이면서 동시에 하나입니다.
또 말장난을 하는 것 같죠? 말장난이 아닙니다.
우주의 실마리를 풀어 나가는 것은 퍼즐 게임과 같습니다.
얽히고설킨 실타래를 풀어나가듯 함께 공부해 봅시다.

---

* 공간(空間)이란?
'빌 공(空)' 자와 '사이 간(間)' 자를 합치면 '빈 사이(?!)'라는 묘한 뜻이 됩니다. 우리 눈은 색(色)을 보는 것으로 사물의 허상을 인식합니다. 그러나 눈에 보이는 허상 속에는 보이지 않는 실상이 자리 잡고 있습니다(空). 보이지만 보이지 않는 실상과 실상 사이를 공간(空間)이라고 합니다.

신선놀음에 도낏자루 썩는다

시간과 공간을 바라보는 고정 관념을 없애기 위해 우리가 잘 알고 있는 예를 한 가지 더 들어봅시다.

옛날 중국 진(晋)나라에 왕질(王質)이라는 사람이 도끼를 가지고 산에 나무를 하러 갔다가, 어떤 두 동자(童子)가 바둑을 두고 있는 것을 보고 이를 구경하다가 바둑이 다 끝난 뒤 집에 돌아오려고 보니 어느새 도낏자루는 썩어 없어지고 녹슨 도끼만 남아 있더라 하는 전설이 있습니다.

이를 난가부(爛柯斧)라 하고 지금도 중국에는 난가산(爛柯山)이라는 산이 있다고 합니다.

이 이야기의 이면에는 고정된 시간과 공간의 개념이 붕괴되고 있음을 암시하고 있습니다. 이런 사실은 현대 과학에서도 이론적으로 설명이 가능합니다. 광자(光子)를 이용한 간단한 실험을 해봅시다.

Box 1의 A점에서 출발한 광자가 B점까지 도달하는 데 1초가 걸

렸다고 합시다. Box 2 역시 동일하게 A점을 출발하여 1초 만에 B점에 도착했습니다.

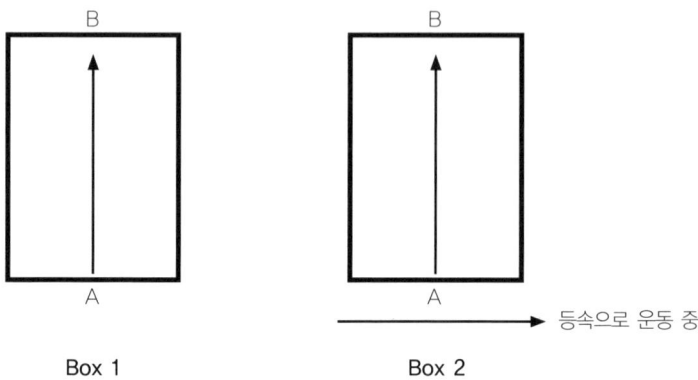

그런데 Box 1은 움직이지 않고, Box 2는 등속으로 운동 중이었습니다. 결과적으로 Box 2의 광자는 A에서 B′까지의 거리를 이동한 셈이 됩니다.

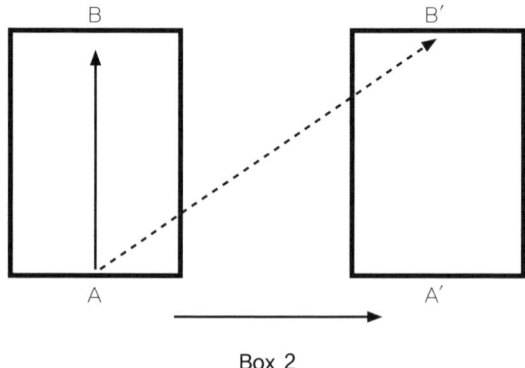

광속은 일정한데 움직인 거리가 다르다니, 어떻게 된 일일까요?
혼란스럽겠지만 이것이 우주의 본모습입니다.

시간과 공간은 늘어나기도 하고 줄어들기도 합니다.

아인슈타인에 의해 밝혀진 이러한 개념들의 이론적 바탕은 음양오행 혹은 우주라는 말뜻 자체를 통해 동양에서는 이미 알고 있었습니다.

물론 안다는 사실이 중요한 것은 아니지만 말입니다.

어린 왕자의 눈에만 보이는 코끼리

어느 화창한 일요일, 저는 아내와 네 살배기 딸아이와 양재동 꽃 시장에 꽃을 사러 간 적이 있습니다. 그런데 딸애가 담벼락을 보더니 갑자기 박수를 치면서 소리쳤습니다.

"코끼리네!"

그러면서 좋아하는 것이었습니다. 저와 아내는 아무리 눈을 비비고 보아도 담벼락에는 불규칙한 그림만 있었지 코끼리는 보이지 않았습니다. 생텍쥐페리의 《어린 왕자》에도 이와 유사한 이야기가 있습니다.

어른들은 모두 모자라고 하지만 어린 왕자의 눈에는 코끼리를 삼킨 보아뱀으로 보입니다. 어른들은 외면의 형체를 보는 데 그치지만 아이들의 눈은 형체의 이면에 있는 보이지 않는 것까지 볼 수 있습니다. 왜 그럴까요? 아이들의 마음은 열려 있기 때문입니다.

보이지 않는 것을 보는 것을 전문 용어로 이야기하면 추상(抽象)* 이라고 합니다. 굳고 경직된 마음으로는 추상을 할 수 없습니다. 항상 겸손하며 열려 있는 마음을 가질 때 추상을 할 수 있습니다. 형체의 내부에 보이지 않는 질서로 작용하는 원은 상(象)으로 존재합니다.

우주에는 눈에 보이는 것이 절반이고, 그 이면에 눈에 보이지 않는 것이 절반입니다. 눈에 보이는 형(形)을 바라보고 그 이면에 질서로 존재하는 상(象)을 파악하는 자에게만 우주의 실상이 온전히 보일 것입니다.

서양의 학문은 형을 파악하는 데 혼신의 노력을 기울였고, 그 결과 우리는 물질문명의 풍요 속에서 살고 있습니다. 반면 동양의 학문은 상을 깨닫는 데 혼신의 노력을 기울였습니다. 그 결과 정신의 올바른 축을 세울 수 있는 바탕이 되었습니다.

우리 동양의 위대한 정신 유산인 음양오행(陰陽五行)을 통해 숨어 있는 코끼리를 찾아봅시다.

---

* '추상(抽象)'의 '추'는 '뽑아낼 추(抽)' 자입니다. 즉 추상(抽象)이란, 눈에 보이는 사물의 내면에 숨어 있는 코끼리[象]를 뽑아내는 것입니다. 모든 사물의 내면에는 눈에 보이지 않는 상(象)이 질서 있게 존재하고 있습니다.

잃어버린 원을 찾아서

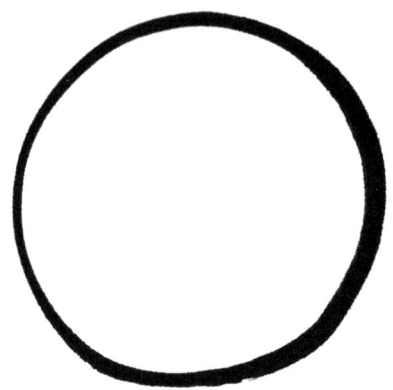

처음의 의문으로 돌아가 봅시다.

삼라만상은 동일한 질료와 동일한 설계도를 바탕으로 만들어졌을까요? 여러분은 이미 그 해답을 눈치 챘을 것 같습니다.

그렇습니다. 우주 내 삼라만상은 모두 동일한 질료와 동일한 설계도를 바탕으로 만들어진 것입니다. 물론 그러한 해답을 얻기까지는 동양의 자연주의적 사유 방법에 더욱 정통하셔야 됩니다. 한 걸음 한 걸음 나아가다 보면 눈에 보이지 않던 들풀이 새로이 보이고 먼 산이 가슴으로 다가오며 자연의 숨소리가 들리기 시작할 것입니다.

그렇다면 과연 원은 언제부터 우리 곁을 떠나게 되었을까요?

자연으로 돌아가 자연의 소리에 귀 기울이면 처음으로 만나게 되는 것이 원이고 마지막 결론도 원으로 끝나게 됩니다. 도시를 떠나 깊고 깊은 산속에 혼자서 며칠을 지낸다고 생각해 보세요. 낮이면 해는 동에서 떠서 서로 넘어가고 밤이면 달도 역시 같은 원운동을 합니다. 나무나 풀들이 자라고 시드는 것도 직선으로 보이지만 그 이면을 유심히 관찰해 보면 하나의 둥근 원을 그리고 있습니다.

자연의 본모습인 이러한 원이 어떻게 우리 곁을 떠나게 되었는지 인류의 역사를 돌이켜봅시다.

원시의 수렵 생활이 끝나고 농경에 의한 정착 생활이 시작되면서 동서양을 막론하고 자연 철학이 발달하게 되었습니다. 하늘의 소리에 귀 기울이지 않고는 농경을 할 수 없기 때문입니다.

그 당시만 하더라도 사람들의 생활 속에서나 학문의 과정에서 원은 보편적인 도형이었습니다. 그렇기에 4대 강 유역에서 출토되는 유물 중에는 원형의 도형이 많습니다. 봄, 여름, 가을, 겨울을 영어로 spring(튀어 오름), summer(불), fall(떨어짐), winter(물)라고 하듯 순환의 사고는 자연스러운 것이었습니다.

그렇지만 서구 사회는 중세를 거치면서 도시가 형성되고 기술 혁명을 통한 상업 자본이 만들어지면서 농업은 빠른 속도로 붕괴되었습니다. 봉건 사회의 가장 중요한 기반인 농업이 허물어지면서 자본주의적 체제로 전환한 것입니다. 농경이 등한시된다는 것은 곧 자연과의 결별을 뜻하는 것으로 시간이 흐름에 따라 서구인들의 생활에서 원은 점차 잊혀지게 되었습니다.

반면 이 땅에서는 19세기 말 서구의 문물이 밀려들어오기 전까지 "농자천하지대본야(農者天下之大本也)"라 하여 농경문화를 바탕으로 한 자연주의 원리가 강인한 생명력을 지키고 있었습니다.

우리가 '둥근 원-자연주의적 도형'을 잃어버린 것은 불과 백 년도 되지 않습니다. 그 짧은 시간 동안에 둥근 원은 녹슨 청동 거울처럼 퇴락되어가고 있지만, 결코 잊어서는 안 됩니다.

둥근 원은 우리의 선조들이 보물처럼 쥐고 계시다가 물려주신 위대한 정신 유산이기 때문입니다.

어린 시절 굴렁쇠를 굴리며 놀던 때를 회상하면 가슴에 잔잔한 파문이 일듯이 우리 민족 정서의 저변에 마르지 않는 강물로 흐르고 있는 자연주의의 원리, 둥근 원은 결코 없어질 수 없습니다.

잃어버린 굴렁쇠, 동그라미를 다시 찾아야 합니다.

얻기 위해 비우자

Only let me make my life
simple and straight,
like flute of reed for thee
to fill with music.

갈대피리처럼
저의 삶을 단순하게 하여 주소서.
비어 있는 피리를 채우듯
그대의 음악으로 가득 채울 수 있도록….

인도의 위대한 시인 타고르의 시 〈기탄잘리〉의 한 구절입니다.
 자신을 비운다는 것은 어려운 일입니다. 내가 가지고 있는 지식이나 판단 기준을 버린다는 것은 참다운 용기 없이는 불가능합니다.
 그러나 새 술은 새 부대에 담아야 하며, 가득 찬 잔은 더 이상 채울 수 없는 것입니다. 우리는 서구의 학문 체계에 익숙해져 있기 때문에 동양의 학문에 관해서는 거의 백지라고 해도 과언이 아닐 정도로 무지합니다.
 우리가 알고 있는 서구의 학문 체계는 동양을 공부하는 데 큰 도움이 되지 않습니다.

동서양은 기본적으로 사물을 추론하는 사유의 방향이 서로 다릅니다. 물론 서구에서는 1970년대 말부터 뉴 에이지 운동(New age movement) 혹은 발상의 전환(paradigm shift)이라 하여 기존의 유물론적이고 기계적인 사고의 반성을 통해 동양으로 눈을 돌리고 있습니다.

그러나 그들의 한계는 동양을 바라보고 있는 방법론 자체가 기계론적 틀에서 벗어나지 못하고 있다는 것입니다.

서양에서는 동양이 보이지 않습니다.
동양에서도 서양을 볼 수 있습니다.
밝은 쪽에서 어두운 쪽은 보이지 않는 것입니다.
동양은 북방에 본체[體]로 존재하며,
서양은 남방에 쓰임[用]으로 드러나기 때문입니다.

우리는 그들의 학문적 성과를 높이 사며 또한 이용할 수 있습니다. 그렇지만 서양은 물질 위주의 사고를 완전히 비우지 않고는 동양 학문의 진수로 들어가기 어렵습니다. 자연계의 완벽한 도형인 원으

> 보이지 않는 마음을 본체[體]라고 한다면, 보이는 육체는 쓰임[用]이라고 할 수 있습니다. 우주는 본체와 작용이라는 두 힘이 대립되어 존재합니다.

로 들어가기 위해 우리의 편협한 사고를 비웁시다. 잔을 비우는 것 역시 동양의 대표적인 사유 방법 중의 하나입니다.

  비어 있는 겸허함과 여유로움으로 동양의 아름다운 숲으로 같이 걸어가 봅시다. 숲 사이로 난 작은 길로 들어가 새로이 만나는 잊어버렸던 친구, 민들레, 고개숙인 둥글레, 풍뎅이, 그루터기 옆에 집을 짓고 있는 개미 가족들, 다정한 새소리, 대자연의 합창 속으로 함께 걸어가 봅시다.

2장
우주를 낚는 그물

음양은 우주라는 바다에 던지는 그물과도 같습니다.
숨죽인 미지의 심연에서 우주의 숨은 진리를 건져 올립니다.
음양의 탄생과 일음(一陰) 일양(一陽)의 길[道],
아무도 가르쳐 주지 않는 길, 외롭고 고독한 길이
동양의 길입니다.

음양이란?

당신은 무엇을 하고 있습니까?
제가 하고 있는 말을 듣고 있지 않습니까?
지금 당신과 나는 이 글을 통해 만나고 있습니다.

이 글은 당신과 나를 연결하는 통로입니다.
활자를 가운데 두고 우리는 서로 마주 보고 있습니다.
마주 보고 있는 당신과 나를 바로 음양(陰陽)이라 합니다.

자! 우리 함께 음양(陰陽)의 대화를 시작해 봅시다.

당신과 나

우주를 낚는 그물

음양(陰陽)은, 우주라고 하는 바다에 던지는 그물과도 같습니다.

우리는 그 그물을 통해 우주의 숨은 진리를 건져냅니다. 푸른 바다는 미지의 깊이 속에서 아무것도 드러내지 않고 숨죽이고 있지만 음양(陰陽)이라는 그물을 피할 수는 없습니다.

일찍이 동양의 지도지사(知道之師; 道師)께서 밝히신 음양의 대의(大義)를 살펴봅시다. 《내경(內經)》*의 음양응상대론(陰陽應象大論)을 보면 다음과 같은 구절이 있습니다.

陰陽者 天地之道也 萬物之綱紀　　음양자 천지지도야 만물지강기
　　　　變化之父母 生殺之本始　　변화지부모 생살지본시
　　　　神明之府也 治病必求於本　　신명지부야 치병필구어본

그 깊은 뜻은 다 설명할 수 없지만 간단히 해석해 보겠습니다.

"음양(陰陽)이란 천지(天地)의 길[道]이고,
　삼라만상을 통제하는 강기(綱紀)이다.

---

*《내경(內經)》은 영추(靈樞)와 소문(素問)으로 구성되어 있고, '황제내경'이라고도 합니다. 한의학 최고(最古)의 원전(原典)으로 진한(秦漢) 시대에 집대성된 것으로 추정됩니다.

변화를 일으키는 주체로서
살리고 죽이는 것이 여기서 나온다.
또한, 신명이 깃들인 집으로서
인간과 삼라만상의 병(病)은
반드시 음양의 조절을 통해 고칠 것이다."

음양(陰陽)은 '낮에는 해가 뜨고 밤에는 해가 진다.'는 가장 단순하고 명확한 자연의 진리에서 출발한 학문이므로 '맞다, 틀리다'고 시비(是非)를 가릴 수 없습니다. 자연주의 사유 방법은 인간이 임의대로 설정한 인간 중심의 철학과는 다르기 때문입니다. 단지 문제가 되는 것은 음양이라는 마스터키(자연의 비밀을 푸는 열쇠)를 쥐고 있는 사람의 능력에 따라 그 쓰임이 달라질 수 있다는 것입니다. 불후의 보검을 가지고 활법(活法)을 터득해 사람을 살리는 데 쓸 수도 있고, 부엌에서 무를 자르는 데 쓸 수도 있습니다. 자칫하면 사람을 죽이는 데 쓸 수도 있는 것입니다.

우리는 음양(陰陽)과 오행(五行)이라는 조상의 자랑스러운 유산을 가지고 있습니다. 여러분은 음양오행(陰陽五行)을 배워 어디에 쓰게 될까요? 가능하면 자연의 이치를 깨닫고 더 나아가 자신의 본모습을 정확하게 성찰하시기 바랍니다.

음양(陰陽)의 탄생

자! 그럼 이제 음양이 어디서 왔나, 그리고 어떻게 탄생되는가를 이야기해 봅시다.

음과 양은 상대적인 두 개의 힘으로 이 세상의 삼라만상 어디에나 존재하고 있습니다. 이러한 음양이 최초로 탄생되는 것을 본 사람은 아무도 없습니다. 그렇지만 그 상황을 유추해 볼 수는 있습니다. 바로 소우주(小宇宙)*를 통해 대우주의 실상을 엿보는 것입니다. 그리고 경전이나 신화(神話), 전설 등을 통해 추론하는 방법도 있습니다.

먼저 《구약성서》의 창세기 1장을 잠시 봅시다.

> "하나님이 말씀하시기를 '빛이 생겨라' 하시니,
> 빛이 생겼다.
> 그 빛이 하나님 보시기에 좋았다.
> 하나님이 빛과 어둠을 나누어서,
> 빛을 낮이라 하시고, 어둠을 밤이라 하셨다.
> 저녁이 되고 아침이 되니, 하루가 지났다."

---

* 소우주의 부분 속에 전체가 들어 있는 프랙탈(fractal; 확대할 때 전체와 닮은 모습을 가지는 도형)처럼 삼라만상에는 대우주의 본성(本性)이 각인되어 있습니다.

음양이 어떻게 탄생되는지 보입니까?

우리는 《구약성서》를 통해 하느님이 천지창조 첫째 날에 태극(太極)과 음양*을 만드시는 것을 엿볼 수 있습니다.

자! 이번에는 소우주인 언덕을 통해 이 상황을 좀 더 상세하게 관찰해 봅시다. 음(陰)**과 양(陽)***이라는 말의 본뜻은 언덕에 생긴 응달과 양달이라는 말입니다. 응달과 양달이 어떻게 생기는지 잘 살펴봅시다.

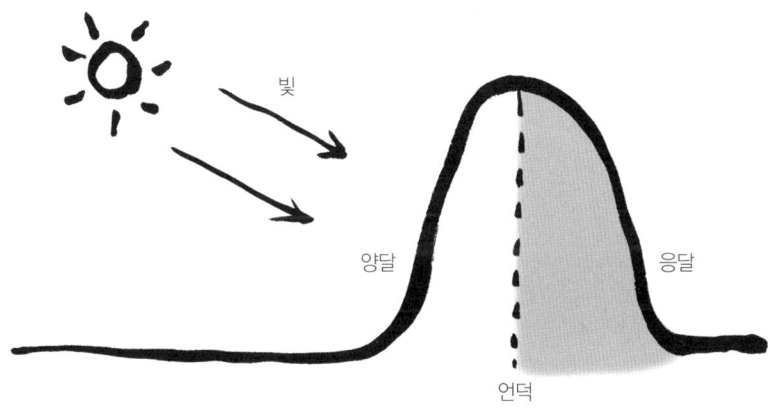

하루해가 지고 밤이 되면 천지가 어둡고 아무것도 보이지 않습니다. 물론 편의상, 별빛과 달빛도 없다고 가정합시다. 이런 상태

---

* **陰陽** 언덕 위로 해가 떠오르면 응달과 양달이 생기는 것을 뜻합니다.
** **陰** ⻖+侌 ⇒ 阜(언덕)+侌. 음(陰)은 '어둡다'는 뜻을 가지고 있습니다.
*** **陽** ⻖+昜 ⇒ 阜(언덕)+旦. 단(旦)은 지평선 위로 해가 떠오르는 모습을 나타냅니다.

에서는 존재함과 존재하지 않음에 대한 아무런 판단이 설 수 없습니다. 없는 것 같기도 한데 역시 없는 것도 아니며 적막(寂寞無朕)한 상태로 어둠 속에 묻혀 있습니다.

이런 상태를 무극(無極)이라 합니다.

영원히 변함없을 것 같던 어둠 속에서도 시간이 흘러 동쪽에서 해가 솟아오르는 순간, 텅 비어 있던 천지가 밝은 햇빛 아래 갑자기 드러나게 됩니다.

태초에 빛이 생겨 밝음과 어둠이 나뉘어지던 상황이 어렴풋이 그려지지 않습니까? 밝음과 어둠은 순간적으로 나뉘는 것입니다. 여기서 우리가 주의 깊게 볼 것은 태양이 떠올라 세상에 모습을 드러낸 언덕입니다.

빛이 비치자마자 언덕에는 양달과 응달이 동시에 생겨났습니다. 양달과 응달중 어느 것이 먼저 생긴다고 할 수 없을 정도로 음양은 순식간에 함께 태어난 것입니다.

이러한 사실은 우리에게 시사하는 바가 큽니다. 음이 있는 곳은 항상 양이 따라가게 됩니다. 거꾸로 양이 있는 곳은 언제나 음이 따라가게 됩니다. 음과 양은 태어나는 순간부터 함께할 수밖에 없는 운명을 가지고 있습니다.

유행가 가사처럼 '빛과 그리고 그림자' 입니다. 음(陰)과 양(陽)이라는 말뜻이 좁게는 응달과 양달이지만, 위와 같은 특성 때문에 동양의 자연주의 사유 방법의 기초 개념으로 광범위하게 사용될 수 있는 것입니다. 이처럼 음이 생기는 동시에 양이 존재하게 되는 음양의 특성을 '음양(陰陽)의 상대성'*이라 합니다.

그리고 다시 한 번 언덕을 주시해 봅시다. 언덕이 빛에 의해 세상에 드러난 후 응달인 음과 양달인 양이 뚜렷하게 나뉘는 모습을 보이고 있습니다. 여기서 우리의 시각을 바꾸어 언덕의 입장에서 생각해 봅시다. 비록 음양의 작용에 의해 밝은 쪽과 어두운 쪽으로 나뉘었지만 언덕은 둘입니까, 하나입니까?

양달과 응달로 나뉘는 것과 관계없이 음양이 실현되는 장(場)인 언덕은 하나입니다. 그 하나가 바로 태극이며, 음양은 하나 속에 들어 있는 둘입니다.

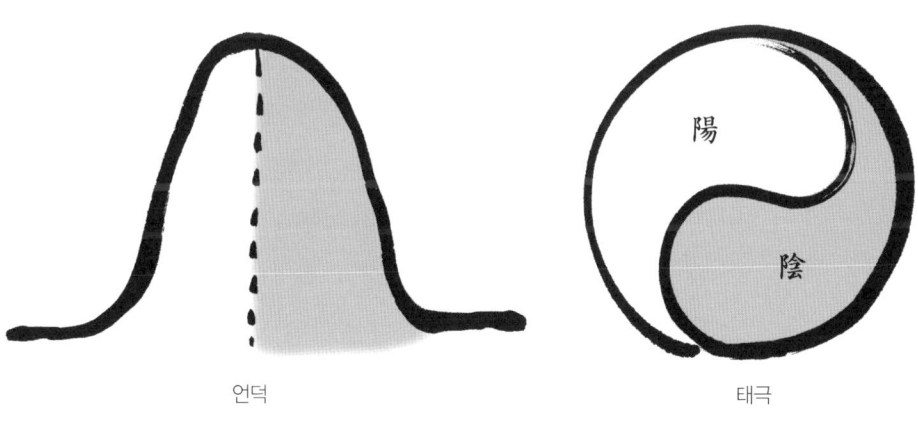

언덕 　　　　　　　　　　태극

* '음양의 상대성'은 우주가 짝으로 이루어졌다는 것을 나타냅니다.

이러한 음양(陰陽)의 특성을 '음양(陰陽)의 일원성'*이라 합니다.
그런데 위의 두 그림에서 차이가 있다고 생각하지 않습니까?

언덕은 응달과 양달이 직선으로 나뉘었는데, 태극은 응달과 양달이 곡선으로 나뉘어져 있네요?!

여기에는 매우 중요한 개념이 숨어 있습니다. 바로 시간입니다.

동(東)   서(西)

해는 동에서 떠서 시간의 흐름에 따라 일정하게 서쪽으로 넘어가게 됩니다. 그 과정에서 언덕에 비치는 응달과 양달의 비율은 한쪽이 많아지면 다른 한쪽이 적어지고, 또한 반대편이 많아지면 다른 반대편이 적어지는 현상이 일어나게 됩니다.

그 결과 음양은 [A]의 도형이 아닌 [B]의 도형이 이루어지는 것입니다. 음과 양을 나누는 선이 곡선을 이루는 것은 시간이 직선이

* '음양의 일원성'은 모든 개체가 스스로 음양(陰陽)의 조화를 이룬다는 것을 뜻합니다.

52 음양이 뭐지?

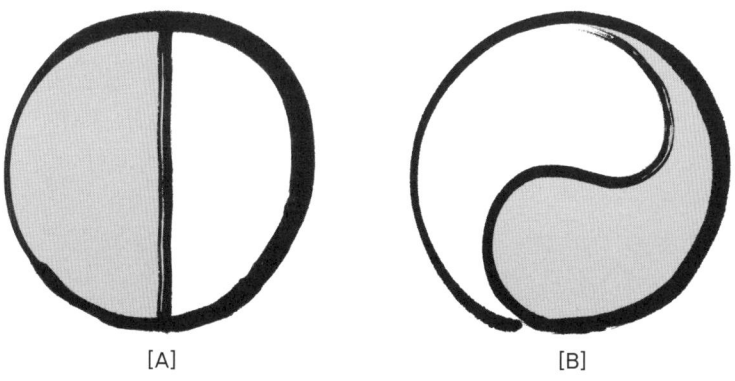

[A]   [B]

아닌 곡선 운동을 하고 있음을 증명하는 것입니다.

언덕에 시간의 개념이 들어서면서 드디어 음양은 생명을 가지게 되었습니다. 응달과 양달이 균등하게 고정되어 있지 않고 시간의 흐름에 따라 세력권의 판도가 달라지고 음양의 투쟁이 시작되는 것입니다.

시간은 태양을 동(東)에서 서(西)로 움직이게 하고, 태양 빛은 언덕을 비추면서 시간에 따라 응달과 양달의 세력 변화를 일으킵니다. 변화가 일어나고 움직인다는 것은, 곧 살아 있다는 것입니다. 시간이 개입되면서 드디어 음양은 생명을 가지게 되는 것입니다. 시간에 의해 부여된 이러한 음양의 특성을 '음양의 역동성(力動性)'*이라 합니다.

태극도의 이면에 시간의 흐름을 뜻하는 곡선이 있는 것을 통해, 음양은 항상 변화가 일어나고 또 살아 있다는 것을 알 수 있습니다.

---

* '음양의 역동성'은 결국 음이나 양으로 결정되어 생동(生動)한다는 것을 뜻합니다.

음양(陰陽)을 깨닫기 위하여

　동양의 공부는 외롭고 고독한 길[道]을 홀로 걸어가는 것과 같습니다. 또한 어두운 밤길을 걸으면서 앞이 보이지 않는 답답함과 안개 속의 두려움을 느낄 수밖에 없습니다. 그 이유는 아무도 길을 가르쳐주지 않기 때문입니다. 심지어 스승도 제자에게 가르쳐주지 못합니다. 스승은 제자에게 "말할 수 없는 이치(不立文字)를 말하여" 제자가 가는 길에 방향만 제시해 줄 뿐입니다.
　'말할 수 없는 이치'를 말하는 자(者)는 비유로써만 말할 뿐입니다. 자신이 깨우친 길을 그대로 전할 수 있는 방법은 없습니다.
　토굴(土屈) 속에서 3년 면벽 끝에 길[道]을 찾고는 토굴을 차서 무너뜨리고 나오며 깨달음의 노래를 부르는 것도 스스로 하는 것이고, 폭포 소리를 제압하는 득음(得音)을 위해 몇 사발의 피를 토해 내는 것도 스스로 하지 않고서는 갈 수 없는 길입니다.
　동양의 공부는 깨달음을 바탕으로 합니다.
　선인(先人)들은 벽에 태극도나 무극도를 걸어 놓고 끊임없이 생각하며 그 이치를 자연에 응용하곤 했습니다. 눈 위에 핀 매화를 보다가 '아!' 하며 깨닫고 구름이 흩어지는 것을 쳐다보다가 갑자기 깨닫기도 하고, 자기 스스로 삼라만상에 수없이 응용해 보면서 역동하는 태극을 깨우치곤 했습니다.

그러한 과정은 그 누구도 대신해 줄 수 없습니다. 홀로 갈 수밖에 없는 길입니다.

음양을 공부한다는 것은 태극을 깨닫는 것입니다. 스스로 깨닫고 스스로 나아가야 합니다. 이 글은 그러한 길을 걷고 있는 학도(學徒)의 발자취를 기록한 것입니다. 하여, 더 많은 이들이 동양을 이해하고 우리의 것을 찾기를 간절히 바랍니다.

이 책에서는, 먼저 제1장 〈잃어버린 원을 찾아서〉와 제2장 〈우주를 낚는 그물〉을 통해 왜 우리가 음양을 배워야 하는가 하는 당위성을 이야기하고, 그리고 다음 장(章)인 〈세상을 보는 음양의 눈〉에서는 '짝이 있는 우주', '홀로 있는 우주', '밝혀지는 우주'의 순서로 음양이 가지고 있는 숨은 뜻을 풀어볼까 합니다.

그리고 〈나는 누구인가〉를 마지막으로 하여 인간에게 실제로 적용되는 음양을 밝히도록 하겠습니다.

'짝이 있는 우주'와 '홀로 있는 우주'에서는 음과 양으로 존재(being)하고 있는 우주의 단면(斷面)을 설명하고, '밝혀지는 우주'에서는 음과 양으로 존재하는 우주가 실제로 어떻게 살아 있는(existence)가를 밝힙니다.

먼저 남과 여가 음과 양으로 서로 마주 보고 있다는 것을 이해하는 것이 음양의 첫걸음입니다. 그 다음 남자든 여자든 한 사람의 개체로 볼 때, 몸과 마음을 음과 양으로 하여 혼자서 음양의 조화를 이룬다는 것을 아는 것이 두 번째입니다. 그리고 세 번째로 '밝혀지는 우주'에서는 남자, 여자, 몸과 마음 등등에서 누가 양이고 누가 음인가를 결정해보는 것입니다.

이처럼 우주에 존재하는 모든 것은 음과 양이 일대일이 될 때 실재(實在)할 수 있다는 것을 파악한 후, 비로소 "나는 누구인가"를 이해할 수 있는 것입니다.

음양을 공부하는 궁극적인 목적은 삼라만상의 실상을 파악하고, 한 걸음 더 나아가 자기 자신을 깨닫는 데 있기 때문에 이러한 순서를 밟는 것입니다.

물론 음양을 이해하는 데 있어 이와 같은 순서로 설명하는 것은 하나의 방법에 불과합니다.

음양은 천지의 도(道)로서 스스로 깨닫고 스스로 공부해 가는 것이며, 이를 이해하는 데 있어 다양한 접근 방법이 있을 수 있습니다. 다만 이 책이 어두운 밤에 작은 등불이 되어, 여러분이 가시는 길에 조금이나마 도움이 되기를 바랄 뿐입니다.

3장
세상을 보는 음양의 눈

음양(陰陽)은 만물의 강기(綱紀)로서 우주간에
그 그물을 피할 수 있는 것은 없습니다.
이 장(章)에서는 음양의 상대성, 음양의 일원성,
음양의 역동성이라는 세 종류의 그물을 순서대로 던져
삼라만상(森羅萬象)의 숨은 뜻을 건져 봅시다.

하나. 짝이 있는 우주

우리 속담에 '짚신도 짝이 있다.'는 말이 있습니다. 이 말을 들은 한 친구가 고개를 끄덕이며 "으음, 역시 발은 두 개야."라고 대답했답니다. 대단한 깨달음이지요? 그렇지만 일반적인 사람들은 '세상에 짝이 없는 것이 없구나.'라고 느끼게 됩니다.
우리는 음양이 언덕에서 탄생될 때 양달이 생기는 그 순간 응달도 동시에 생긴다는 것을 알았습니다. 현상계에 존재하는 삼라만상은 이 법칙을 벗어날 수 없습니다.

우주에 있는 모든 것은 항상 짝을 이루고 존재하게 되는 겁니다.

그래서 이것을 개념적으로 음양의 상대성이라 했는데, 그러한 상대성이 현실에서 어떻게 나타나는지 살펴봅시다.

생쥐와 녹색식물

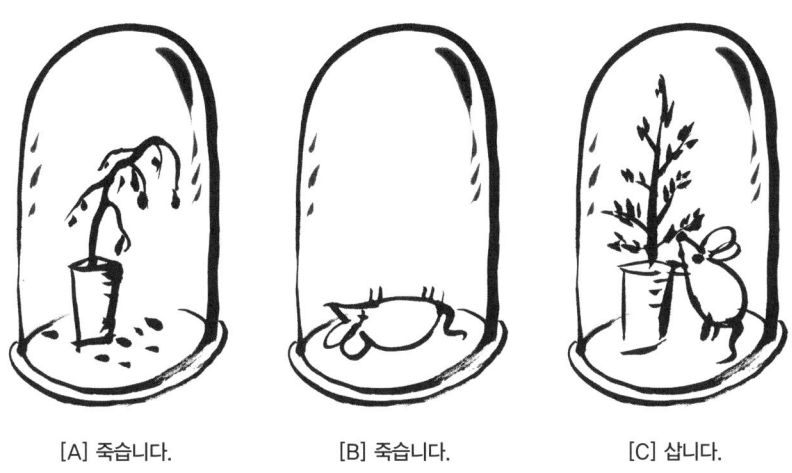

[A] 죽습니다.　　　　[B] 죽습니다.　　　　[C] 삽니다.

1772년경 프리스틀리(Joseph Priestley, 1733~1804)*는 식물이 광합성을 할 때 발생하는 기체가 무엇인가를 알아보기 위해 위와 같은 실험을 했습니다.

그림 [A]처럼 밀폐된 유리집 속에 녹색식물만 두면 죽어 버립니다.
　　[B]처럼 생쥐만 두면 죽습니다.
　　[C]처럼 동물과 식물이 함께 있으면 둘 다 삽니다.

---

* 영국의 화학자 프리스틀리는 기체(氣體)의 연구, 특히 산소를 발견한 것으로 유명하고, 후에 암모니아 전기 분해법을 발견했습니다. 저서로는 《전기학의 역사와 현상》 등이 있습니다.

이 실험은 우리에게 많은 것을 가르쳐줍니다. 실험의 처음 목적은 녹색식물의 광합성 연구에 있었지만 그 결과는 예기치 않았던 자연의 비밀을 보여줍니다.

즉 [A]에서는 홀로 있는 음(陰)은 살 수 없다(獨陰不成),

[B]에서는 홀로 있는 양(陽)은 살 수 없다(獨陽不生),

[C]에서는 음(陰)과 양(陽)이 만나 조화를 이룬다.

는 것을 깨닫게 합니다. 이제 이 원리를 토대로 시각을 확대해 봅시다.

우리가 살고 있는 지구 환경 전체를 유리집 속이라고 할 때 모든 생명체는 크게 둘로 나뉩니다.

하나는 식물이고 다른 하나는 동물입니다.

지구 상에서 식물과 동물은 서로 마주 보고 있는 음과 양입니다.

식물은 동물의 도움을 받아 살고 있으며, 동물은 식물의 도움을 받으며 살아갑니다.

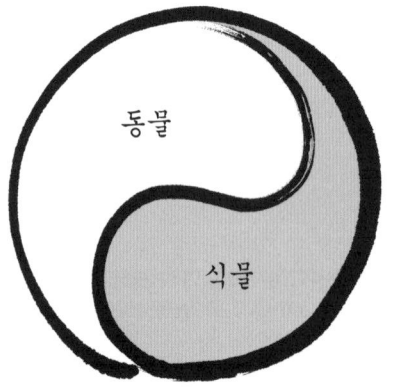

고향으로 돌아가는 연어

　티 없이 맑은 알래스카의 산록을 배경으로 하천을 거슬러 올라가는 연어떼를 본 적이 있습니까? 어떤 힘이 이들을 살기 좋은 바다를 떠나 고향의 산골하천까지 거슬러 올라가게 하는 걸까요?

　알라스카의 개울에서 태어난 연어는 그들 생의 대부분을 태평양에서 보냅니다. 어릴 때는 플랑크톤을 잡아먹고 커서는 작은 물고기를 잡아먹습니다. 매년 8월이 되면 다 자란 연어들은 멀고 험난한 여행을 떠납니다. 바로 자기가 태어났던 개울로 돌아가는 것입니다.

　연어들은 처음에 알에서 부화할 당시의 물맛과 물 밑 진흙의 냄새, 그 물에 사는 동식물의 냄새 등을 평생 기억하고 있습니다. 그래서 고향의 물이 수백만 분의 일로 묽어졌다고 해도 그 냄새를 좇을 수 있는 능력이 있어서, 수백 킬로미터 떨어진 먼 바다에서도 자기가 태어났던 개울로 정확하게 돌아올 수 있는 겁니다.

　하여튼 이들이 고향의 개울로 회귀하는 과정은 전쟁과 다르지 않습니다. 거센 물살을 거슬러 올라가야 하며 때로는 폭포도 뛰어넘어야 합니다. 그러한 험난한 여행의 과정을 거쳐야 마침내 자기가 태어났던 고향 개울에 도착하는 것입니다.

고향 개울에 돌아온 수많은 연어들은 머리를 상류 쪽으로 향한 채 서로 옆구리를 대고 빽빽하게 모여서 휴식을 취하는데, 이놈들의 까만 등에 가려 강 밑 하얀 모래 바닥이 보이지 않을 정도입니다.

그리고 며칠 사이에 연어의 몸은 놀랄 만큼 빨리 변하는데, 등에는 큼직한 혹이 불거져 나오고 위턱은 갈고리처럼 휘어지고 이빨은 길게 송곳니처럼 자랍니다. 이런 이빨은 먹는 기능과 상관없는 싸움용입니다.

드디어 수컷들은 옆구리와 옆구리를 밀치면서 서로의 이빨을 부딪치며 싸우고 씨름을 합니다. 마침내 이기고 남은 한 놈이 자갈 속에 만들어진 웅덩이를 차지하게 됩니다. 비로소 암컷이 이긴 놈 곁으로 옵니다. 곧 암컷의 알이 쏟아지고 수컷의 이리(정액; milt)가 동시에 쏟아집니다.

길고 긴 여정과 싸움은 이렇게 끝납니다. 강을 거슬러 올라오며 그토록 치열했던 투쟁이 끝나면 수백만 마리의 연어는 단 한 마리도 바다로 돌아가지 못하고 그곳에서 생을 마감합니다.

연어들이 가지고 있는 놀라운 회귀 본능의 원동력은 무엇일까요? 연어는 짝이 있는 우주의 숙명을 잘 보여주고 있습니다. 우주가 음과 양으로 나뉘어 짝을 만들 때, 한쪽은 다른 쪽을 찾아 조화를 이루기 위해 그들의 전 생애를 던지는 것입니다.

꽃들의 유혹

짝을 찾으려는 노력은 동물에게만 국한되지 않습니다. 아름다운 숲 속으로 들어가 봅시다.

식물들은 뿌리를 땅에 고정시키고 있으므로 스스로 짝을 찾아갈 수 없습니다. 그렇다면 식물들은 어떤 방법으로 짝을 찾아갈까요?

식물들 나름대로 여러 가지 방법들을 고안했는데, 대표적인 것이 바로 꽃입니다. 스스로 움직일 수 없는 대신에 나비와 벌 등의 곤충들을 이용하기로 한 것입니다. 짝을 찾아 음양의 화합을 이루려는 의지는 수단과 방법을 가리지 않습니다. 나비나 벌들은 꽃가루를 먹기 위해 이 꽃 저 꽃으로 날아다니면서 그들도 모르는 사이에 꽃가루를 꽃의 암술머리에 흠뻑 묻혀 주곤 합니다. 용의주도한 어떤 식물들은 곤충들을 유혹하기 위해 더욱 세심한 주의를 기울이기도 합니다. 즉 두 종류의 꽃가루를 만드는데, 한 가지는 수정을 위한 것이고 다른 한 가지는 아주 맛이 좋아 곤충들의 접대용으로 이용하기도 합니다.

뿐만 아니라 완벽한 뇌물인 꿀을 만들기도 합니다. 이 달콤한 액체의 유일한 목적은, 꽃이 피는 동안에 곤충을 유혹해 그 곤충이 자기 꽃에 머무르며 꽃가루를 묻혀 운반하도록 하는 것입니다. 이런 뇌물에 취한 벌과 나비들은 꽃가루를 운반하며 식물이 짝을 찾아 수정할 수 있게 돕는 것입니다.

맛있는 꽃가루나 꿀을 널리 알리기 위해 꽃들은 점차 색채가 화려해지고 현란해져 상당히 먼 거리에서도 곤충들이 날아들게 됩니다. 향기 역시 유혹의 수단 중 하나입니다.

아주 노골적인 유혹 한 가지를 예로 들어봅시다. 난초과에 속하는 식물의 한 종류는 아예 암컷 말벌과 비슷한 모양의 꽃을 피웁니다. 눈, 더듬이, 날개 심지어 암컷이 발정했을 때 내는 냄새까지 피웁니다. 완전히 속은 수컷 말벌은 교미를 위해 달려들었다가 꽃가루만 흠뻑 묻히고 떠납니다. 역시 다른 난초 꽃에 같은 방법으로 유인되어 난초의 수정을 돕게 됩니다.

짝을 찾으려는 노력은 이와 같습니다. 자연계에서 생명을 가지고 있는 생명체들은 동물, 식물 할 것 없이 음은 양을 찾아, 양은 음을 찾아 끊임없이 노력하고 있는 겁니다.

'연어와 난초'에 대한 이야기는 D. 아텐보로가 지은 《생명의 신비(Life on Earth)》(학원사, 1993)를 참고했습니다.

뱀을 먹는 돼지

어떤 사람이 무인도를 사들여서 농지로 개간하려고 했습니다. 그런데 그 섬에 처음 들어섰을 때, 사람의 손길이 닿지 않았던 이 섬은 한마디로 뱀의 천국이었습니다. 야트막한 산속은 말할 것도 없고 해변까지 징그러운 독사들이 득실거렸습니다. 그 사람은 좋은 해결책을 생각해냈는데, 그것은 돼지 열 마리를 사서 섬에다 풀어 두는 것이었습니다. 그리고 약 한 달 뒤에 다시 섬에 돌아와 보았습니다.

그 사이에 어떤 일이 벌어졌을까요?

온 섬에 뱀은 한 마리도 보이지 않고 통통하게 살이 찐 돼지들이 반갑게 맞이해 주었습니다. 돼지들이 뱀을 모조리 잡아먹어 버린 것입니다. 뱀의 독니는 두꺼운 돼지의 피하 지방층을 뚫지 못했고 그 독은 돼지의 지방에 중화되어 버렸던 것입니다.

우리는 앞에서 암수의 짝을 통해 서로 화합하려는 음양을 보았습니다. 그런데 여기서는 뱀과 돼지를 통해 또 다른 짝을 배우게 됩니다.

자연계에는 하나가 또 다른 하나를 죽이는, 즉 상극(相克)인 음양의 상대성도 있는 것입니다. 곧 서로가 가지고 있는 기운이 정반대여서 한쪽이 다른 쪽의 먹이가 되는 관계입니다.

 돼지는 차가운 성질을 가지고 있고 뱀은 뜨거운 성질을 가지고 있는데, 그러한 반대의 기운이 돼지에게는 훌륭한 약이 되는 것입니다.

쥐와 고양이

자연계의 또 다른 짝으로서 맺어지는 상극(相克)*의 관계는 그 이면에 중요한 뜻을 숨기고 있습니다.

동양에서는 천적(天敵)과 유사한 뜻으로 상극(相克)이라는 말을 써 왔습니다. 천적이 없는 존재는 점차 자멸하고, 천적이 있는 존재는 살아남습니다. 가령 쥐와 고양이 관계를 천적과 상극으로 표현하면 이렇습니다.

"쥐의 천적은 고양이다."
"고양이는 쥐를 克(이길 극)한다."

상극은 항상 같은 부류 속에서 힘의 대립을 일으키며 짝을 짓기 마련입니다. 그렇지만 파리는 호랑이를 무서워하지 않습니다. 상극 관계란 반드시 힘 때문에 일어나는 것이 아니기 때문입니다.

물은 불을 이깁니다.

---

* 상생(相生)은 어떤 존재로 인해 새로운 존재가 생겨나는 것을 뜻하는 말입니다. 부모와 자식 관계를 예로 들 수 있습니다. 반면 상극(相克)은 상생과 반대되는 말입니다. 서로 싸우는 관계가 아니고 어떤 존재가 다른 존재를 일방적으로 이기는 것을 뜻합니다. 고참과 졸병 관계를 예로 들 수 있습니다.

이것 역시 상극 관계이지만 무생물 사이의 관계일 뿐 동물과는 상관없습니다. 즉 상극과 천적은, 같은 울타리 내에서 일어나는 집안싸움의 역학 관계를 알아보는 것입니다.

어느 곳에 그 환경에만 서식하는 특이한 동물이 있다고 합시다. 그러면 그놈과 밀접한 관계에 있으면서 일방적으로 그놈을 잡아먹는 천적의 동물이 존재하게 마련입니다.

이처럼 이기고 지는 관계의 두 동물이 함께 있으면 지는 동물은 절대로 멸종하지 않습니다. 당하는 입장의 동물은 자신의 생명력을 보존하기 위해 끊임없이 스스로를 채찍질하며 노력할 수밖에 없기 때문입니다. 이와 같은 숙명적인 필요악(必要惡)이 바로 천적입니다.

자연계가 진화하며 발전하는 것은 같은 환경에 살아가는 같은 부류 중에 자신의 천적이 있기 때문입니다. 천적이 있음으로 해서 비로소 게으름과 나태에서 벗어나 적극적인 삶을 살 수 있는 것입니다.

진화(進化)란, 자연이 주는 무서운 채찍과 천적이 주는 두려움 속에서 살아남기 위한 발버둥으로 일어나는 노력의 열매인 것입니다.

도(道)란 무엇인가?

'일음일양지위도(一陰一陽之謂道)'*

'하나의 음과 하나의 양을 일컬어 도라 한다.'는 뜻의 이 말은 《주역》의 계사전(繫辭傳)**에 나오는 말입니다. 하늘은 양(陽)이고 땅은 음(陰)으로서 천지가 만나 도를 이루듯, 자연계에서는 암컷과 수컷이 만나 도(道)를 이루고 있습니다.

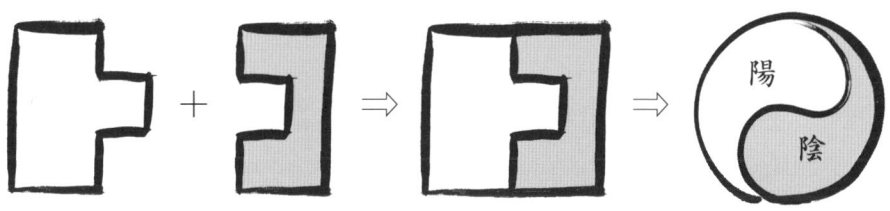

서로 다른 특성의 양대(兩大) 세력이 합쳐 하나의 조화를 일으킵니다.

인간의 삶 또한 마찬가지입니다. 남녀가 만나 사랑을 하고 결혼을 하여 음양의 조화를 이룹니다. 결혼 생활이란 음과 양이 만나

*좌선(左旋)하면 기(氣)가 되어 일음지(一陰之) 일양지(一陽之)하고 우행(右行)하면 형(形)이 되어 '하나의 음, 하나의 양'이 된다.
** 복희씨가 그린 64괘(卦), 문왕(文王)이 지은 괘사(卦辭), 주공(周公)이 지은 효사(爻辭)를 합쳐 《주역(周易)》의 경문(經文)이라고 하는데, 그중 괘사와 효사를 계사(繫辭)라 하며, 공자가 계사를 자세히 풀이한 것(述而不作)을 계사전(繫辭傳)이라고 합니다.

어울려 천지의 이치를 배우는 도장(道場)과도 같습니다. 처녀총각 시절 독음(獨陰) 독양(獨陽)으로 거리낌 없이 홀로 살다가 결혼을 통해 합치게 되면, 두 사람은 비로소 처음으로 대립(對立)과 화해(和解)의 소용돌이에 빠지게 되는 것입니다. 그 과정에서 음과 양은 힘겨운 조화를 이루게 되고 천지(天地)의 이치를 가장 현실적으로 체득(體得)하게 됩니다. 그래서 부부가 같이 살아가는 것은 가장 어렵고도 힘든 길이라고 합니다.

음양이 화합하여 조화를 이루면 창조가 일어납니다. 즉, 천(天)과 지(地)가 조화를 이루어 만물이 생겨나게 됩니다. 마찬가지로 남녀의 화합을 통해 자식이 생겨납니다. 이제 가정이 가지고 있는 그 큰 뜻을 느낄 수 있겠죠?

칼릴 지브란*은 《예언자》에서 결혼을 두 줄의 현으로 표현했습니다. 두 줄이 일대일로 나란히 평행선을 그으며 떨어져 있는데 리듬에 맞추어 소리를 내면 아름다운 음악이 생깁니다. 그러나 무질서하게 뜯으면 음악이 아니라 소음으로 바뀌고 맙니다. 아내와 남편은 마주 보고 있는 음과 양입니다. 두 사람의 사랑이 아름다운 음악이 되고 마침내 도(道)를 이루게 되는 것입니다.

---

* 칼릴 지브란(Kahlil Gibran, 1883~1931)은 레바논 출신의 시인이자 화가입니다. 저서로는 《예언자》, 《영가》, 《아씨》 등이 있습니다.

결혼을 하지 않으면?

음양(陰陽)이 화합하지 않으면 도(道)의 조화가 일어나지 않습니다. 그렇지만 여기서 말하는 결혼(結婚)은 꼭 결혼식만을 의미하지 않습니다. 또한 음양의 화합이 남녀의 육체적 결합만을 의미하는 것도 아니며, 아이를 낳는 것이 도(道)의 결실이라고 할 수도 없습니다. 단지 이 책에서 이야기할 수 있는 것은 천지(天地)가 화합하여 인간인 우리를 내었기 때문에 우리 역시 천지의 길[道]을 따라가는 것이 도리(道理)라는 사실입니다.

인간에게는 음양이라는 양대(兩大) 힘이 각인(刻印)되어 있어서 음양의 화합(和合)을 통하지 않고는 천지의 도에 합일(合一)될 수 없습니다.

남녀라는 음양이 화합하면 생명을 가진 아이를 탄생시키는 결실을 맺고, 몸과 마음이라는 음양이 화합하면 갈등과 번민을 뿌리친 절대 자아를 완성시키며, 천지가 화합하면 이상(理想)이 현실화되는 결실을 맺을 수 있는 것입니다.

남자와 여자는 결혼을 통해 다른 한쪽의 세계를 이해하고, 대립과 화해를 통해 가장 훌륭한 삶을 이룩할 수 있습니다. 그리고 수도승들은 자기 자신과 결혼해 '깨달음'이라는 자식을 낳습니다.

결혼이란, 천지의 자식인 우리 인간이 부모를 닮으라는 자연의 엄숙한 가르침입니다.

반상의 질서

만약, 복잡한 이 우주에 일정한 질서가 없다면 어떻게 되겠습니까? 그 혼란스러운 상황은 이루 말할 수 없을 것입니다. 우리가 안심하고 세상을 살 수 있는 것은, 오늘 밤에 잠을 자고 나면 내일 아침 동쪽으로부터 해가 떠오른다는 자연에 대한 당연한 믿음이 있기 때문입니다.

음양이란 우주가 스스로를 지키기 위해 만든 하나의 질서입니다. 그래서 동양의 음양론(陰陽論)은 자연이 주는 이와 같은 아주 단순하고 당연한 믿음으로부터 출발합니다. 물론 음양론은 음양(陰陽)이라는 두 개의 잣대만 가지고 모든 만물을 해석하지는 않습니다.

  일원(一元 ; 太極)
  양의(兩儀 ; 陰陽)
  삼재(三才 ; 天地人)
  사상(四象 ; 太陽 太陰 小陽 小陰)
  오행(五行 ; 木火土金水)
  육합(六合 ; 東西南北上下)
  …

동양이 자연을 바라보는 시각은 나누면 나눌수록 끝없이 많고 화려합니다. 그런데 바둑을 보십시오.

바둑판에는 수많은 사건들이 얽히고설키면서 전쟁과 화해, 대립과 반목, 사랑과 평화, 계략, 암투, 도전, 삶과 죽음 등등 한 세상이 연출됩니다. 바둑은 우리가 살고 있는 우주의 실상입니다. 바둑을 해석할 때도 수많은 법칙을 들 수 있습니다. 그렇지만 그중에 음양(陰陽)이라는 대립되는 두 힘을 통해 바라본다면 흰 돌과 검은 돌로 나뉘어 조화가 이루어진다는 것을 알 수 있습니다.

지금 우주는 바둑을 두고 있습니다. 그런데 우주의 바둑에도 흰 돌과 까만 돌 외에는 없다는 사실을 깨달아야 합니다. 비록 흰 돌과 까만 돌이 마주치며 일으키는 천변만화(千變萬化)에 넋을 놓고 있다 하더라도…….

바로 흰 돌과 까만 돌의 두 관계를 '짝'이라고 합니다.

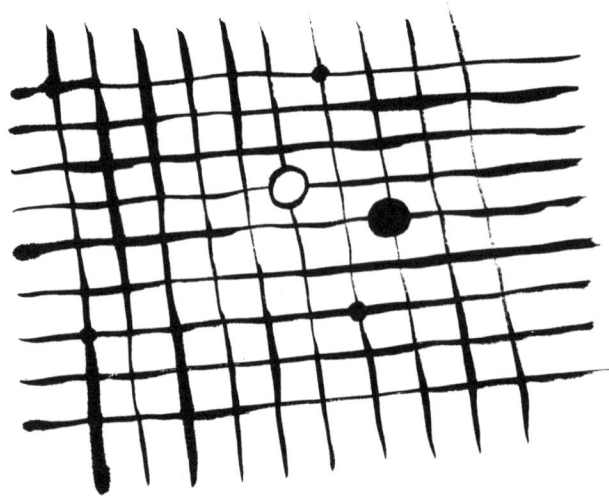

하늘과 땅이 이루는 짝

동양에 대해 공부하는 것은 추상화가 걸려 있는 전람회장의 회랑(回廊)을 도는 것과도 같습니다. 언뜻 보아서는 이해할 수 없지만 조용히 관조(觀照)해 보면 많은 추상화들이 이야기하는 것을 깨닫게 됩니다. 물론 그 사람의 지혜와 지식의 정도에 따라 다르게 해석되는 것은 어쩔 수 없습니다.

지금부터 우리는 시각을 엄청나게 확대하여 지구 밖에서 지구를 관찰하는 공부를 시작해 봅시다. 동양의 공부란 관찰자의 입장을 수시로 바꾸어야 하고 시각 또한 고정되어서는 안 됩니다. 작게는 한 방울의 이슬 속에서도 우주를 볼 수 있어야 하고, 크게는 대우주도 손바닥에 올릴 수 있어야 합니다. 큰 시각에서 바라볼 때 하늘과 땅은 하나의 짝이 됩니다. 서로의 성질은 정반대이며, 하늘을 양이라 하고 땅은 음이라고 합니다.

하늘에는 해와 달이 존재합니다.
이 해와 달 역시 좋은 짝이 됩니다.
해는 스스로 빛을 내어 낮을 밝히고, 달은 스스로 빛나지는 않지만 해의 빛을 반사해서 밤을 밝히고 있습니다.

그래서 해를 양(陽)이라 하고, 달을 음(陰)이라고 합니다.

이와 같은 이치로 별을 나누어 성(星)과 신(辰)이라 합니다.

《황극경세(皇極經世)》*의 관물편(觀物篇)에서 소강절 선생이 성(星)을 소양(小陽)이라 하고, 신(辰)**을 소음(少陰)이라고 한 것을 보면 해와 달의 선상에서 성신(星辰)을 보았다는 것을 알 수 있습니다.

즉, 성(星)은 빛나는 별이고,

신(辰)은 스스로 빛을 내지 못하는 별인 것입니다.

그래서 성(星)을 양(陽)이라 하고,

신(辰)을 음(陰)이라고 합니다.

이것으로 양(陽)인 하늘에는 일월성신(日月星辰)이 짝을 이루고 있다는 것을 알게 됩니다.

日:陽

月:陰

星:陽

辰:陰

* 송나라 때의 유학자인 소옹(邵雍, 호는 강절(康節), 1011~1077)이 지은 책입니다.
** 엄밀히 말해서 신(辰)은 별과는 관계없는 방위의 개념으로 생각하는 것이 옳습니다. 예를 들면 서양은 십이궁(十二宮)의 별자리 구분이 있고, 동양은 십이신(十二辰)이 있는 것입니다(辰非星, 只是星中間界分 … 星之界分, 亦謂之辰 如十二辰 是十二箇界分). ―《주자어류(朱子語類)》중에서

그 다음으로 땅을 봅시다. 땅에도 역시 해와 같은 존재가 있는데, 바로 불[火]입니다.

불은 스스로 타오르는 능력이 있어 양(陽)에 속합니다.

양이 있으면 음이 있듯 짝이 되는 것이 물[水]입니다.

물과 불은 하늘의 해와 달처럼 대비되어 상대적인 짝을 이루고 있습니다.

그러면 성신(星辰)과 비유될 수 있는 존재는 무엇일까요? 바로 돌[石]과 흙[土]입니다. 물과 불은 쉽게 이해되지만 돌과 흙은 음양으로 유추하기 어려울 것입니다.

火:陽　　　水:陰　　　石:陽　　　土:陰

스스로 빛나는 별[星]이 차츰 빛을 잃다가 나중에는 빛을 내지 못하는 별[辰]이 되듯이, 단단하던 돌[石]이 세월에 깎여 차츰 부드러운 흙[土]으로 부서지게 됩니다.

그래서 단단한 돌[石]은 양이라 하고,

부드러운 흙[土]은 음이라 합니다.

이처럼 음인 땅에는 수화토석(水火土石)이 짝을 이루고 있습니다.

수화토석(水火土石)은 소강절* 선생이 확고한 자연관을 바탕으로 추론한 것입니다. 추상화를 관람하는데 이해가 되지 않는다고 돌아서 버리면 그 그림을 영원히 이해할 수 없습니다. 그림을 천천히 바라보다 보면 언젠가는 이해할 수 있을 겁니다. 그림으로 정리하여 하나의 원(圓) 속에 조심스럽게 넣어 봅시다.

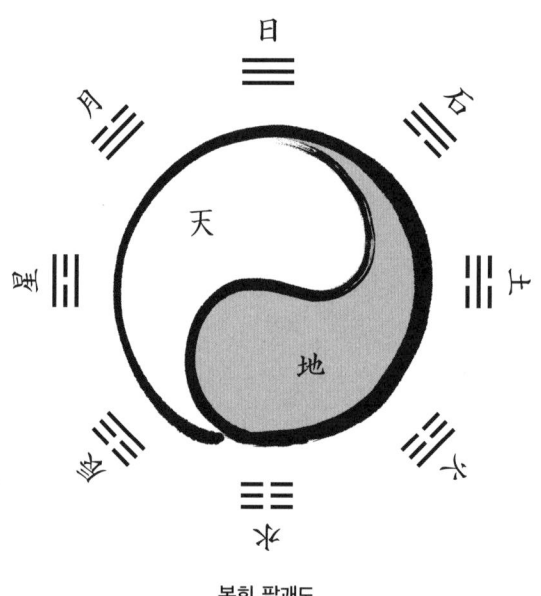

원 밖에 그려진 팔괘(八卦)는 복희팔괘입니다. 복희팔괘는 하도(河圖)의 모습을 추상(抽象)한 것이고, 뒤에 나올 문왕팔괘는 낙서(洛書)의 모습을 추상한 것입니다.(다음 권인 《오행은 뭘까?》 참조)

복희 팔괘도

---

* 소강절(邵康節) 선생이 팔괘(八卦)의 배속을 일월성신(日月星辰) 수화토석(水火土石)으로 바꾸어 설명한 것은 공간적(空間的) 관찰에 의해서입니다. 만약 시간적으로 관찰한다면 옆의 그림과 같습니다. '위아래로 천지(天地)가 자리 잡고 수화(水火; 日月)가 운행하며, 산택(山澤)이 통기(通氣)하고 뇌풍(雷風)이 상박(相薄)하는' 뜻으로 천지변화(天地變化)의 질서를 파악할 수 있습니다.

천지(天地)가 짝이 되고,
일월(日月)이 짝이 되고,
성신(星辰)이 짝이 되고,
수화(水化)가 짝이 되고,
토석(土石)이 짝이 됩니다.

다시 일월성신과 수화토석 역시 짝이 됩니다.

동양에서는 이러한 짝들이 처음 만나서 삼라만상의 조화가 이루어진다고 봅니다. 이것이 바로 천지의 바둑에서 첫 번째 포석인 것입니다.

천지(天地)의 바둑

지상의 가장 기본적인 존재는 수화토석(水火土石)이고,
하늘의 가장 기본적인 존재는 일월성신(日月星辰)입니다.
이러한 천지(天地)의 여덟 가지 존재가 시간의 물결을 타다가 만나게 되면,
하늘에서는 한서주야(寒暑晝夜 ; 추위와 더위, 낮과 밤)가 생겨나고,
지상에서는 풍뢰우로(風雷雨露 ; 바람과 우레, 비와 이슬)가 생겨나며,
바야흐로 천지의 바둑은 좌충우돌(左衝右突)하면서 싸움이 일어나게 됩니다.

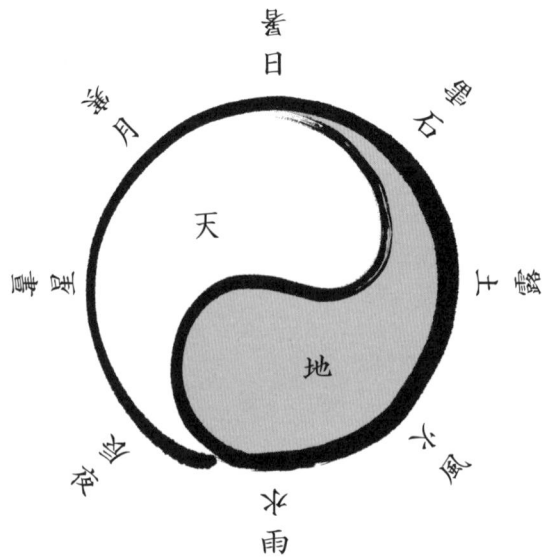

시간이 더욱 흐르고 흘러 천지가 화해(和解)의 조화(造化)를 이룰 무렵, 드디어 교구(交媾; 결혼)하기에 이릅니다.

한서주야와 풍뢰우로가 합쳐지며 조화의 생명체(生命體)가 탄생하는 것입니다. 그것을 우리는 생물(生物)이라고 말합니다.

어머니인 땅을 닮아 형(形; 물질)이 갖추어지면
주비초목(走飛草木; 동물과 식물)이라 이르고,
아버지인 하늘을 닮아 기(氣; 에너지)가 갖추어지면
성정형체(性情形體; 동물과 식물의 에너지)라고 부르게 됩니다.

이것이 일월성신과 수화토석이라는 천지가 교합(交合)하며 일으키는 우주 바둑의 전반전 줄거리입니다.

머릿속에 떠 있는 해와 달

인체에도 해와 달이 있습니다.

앞에서 인간은 소우주(小宇宙)라고 했었지요?

인체는 동양의 직관(直觀)을 통해 보든 서구의 합리적 사고로 보든 우주(宇宙) 그 자체입니다.

우주에 일월성신이 있고 수화토석이 존재하면서 조화를 일으킨다면, 인체에도 반드시 일월성신과 수화토석 같은 존재가 있는 것입니다. 일본만수(一本萬殊)의 원칙에 의해 인체 내의 일월성신과 수화토석을 추상(抽象)해 봅시다.

먼저 해와 달에 대비될 수 있는 부위는 어디일까요?

그것은 바로 우리의 몸을 지배하고 있는 두뇌입니다.

뇌의 작용에 대해 의학적으로 밝혀진 것은 빙산의 일각에 불과할 만큼 미미하기 이를 데 없습니다. 그런데 두뇌의 위치나 형태, 이미 밝혀진 작용에 의하면 두뇌야말로 해와 달의 성질을 너무나 잘 갖추고 있습니다.

뇌 속의 해와 달을 나누어 봅시다.

해가 동쪽에서 떠오르면 만물은 깨어납니다. 간밤에 어둡고 무분별하던 세상이 명확하게 자기의 모습을 다 드러내게 됩니다. 나무는 나무, 흙은 흙, 산은 산 등 제각기 자기의 본모습을 있는 그대로 보여줍니다.

지난밤에 수많은 상념과 사유를 통해 숨겨져 있던 그들의 모습을 파악하려던 노력은 태양 아래에서는 소용없게 되었습니다. 햇빛 아래에 드러난 그들의 본모습을 아무런 수고 없이 있는 그대로 바라볼 수 있게 된 것입니다.

동양에서는 이런 경우를 직관(直觀; 정확히 관찰함)한다고 합니다. 뇌의 어느 부분에 직관 기능이 발달되었을까요?

바로 대뇌의 우반구입니다.

대뇌는 두 개의 반구로 되어 있는데, 서로 나뉘어 있지만 신경 섬유에 의해 효과적으로 통합됩니다. 그러나 두 개의 반구는 잠재적으로 각기 독립적인 기능을 수행합니다.

태양을 머릿속에 넣고 다니는 인간

물론 두뇌가 대뇌 하나로만 형성되어 있지는 않습니다. 하지만 대뇌의 좌우반구가 짝을 이루어 인체를 지배하는 상황을 연구해 보면, 중추 신경계의 우두머리로서 해와 달에 조응(照應)하는 뇌의 전반적인 모습을 유추할 수 있는 것입니다. 즉 대뇌의 우반구는 하늘의 태양처럼 우리의 몸과 마음을 밝히며, 역동하는 힘으로 감성(感性)의 풍요로움을 주관합니다. 그 결과 밝음을 통한 직관과 감성을 통한 예술적 사고를 낳게 됩니다.

그 다음으로 우반구의 짝인 대뇌 좌반구를 살펴봅시다.

태양이 서녘으로 지기 시작하면 사물을 밝혀 주던 빛은 흐려지기 시작합니다. 너무나 분명했던 삼라만상이 자기의 모습을 감추기 시작하는 것입니다. 마침내 완전히 어두워지고 나면 하늘에 달이 떠올라 삼라만상은 달빛 아래 희미하게 형체만 드리우게 됩니다.

달을 머릿속에 넣고 다니는 인간

혹시 밤길에 달빛을 밟고 걸어본 적이 있습니까? 달빛 아래 조심스레 걷노라면 온 신경을 집중해 눈앞에 보이는 형체들을 분석하게 됩니다.

다소 두려운 마음으로 '저것은 볏단 더미다. 저것은 나무 그림자다. 저것은 사람이 걸어오는 것이구나…'라고 유추합니다.

우리의 눈, 코, 귀, 입 모든 감각을 동원하여 조직적으로 해석해서 이해하려고 애씁니다. 밝은 대낮에는 생각 없이 바라만 보던 사물들을 밤이 되자 체계적으로 다시 해석하고 분석하게 됩니다. 이런 과정은 바로 대뇌 좌반구의 기능과 같습니다. 좌반구는 논리적이며 체계적이고 수학적인 기능을 맡습니다. 또한 '브로카 영역(Broca's speech area)'이 있어 언어 능력을 조절합니다. 언어 능력 역시 체계적인 사고의 과정을 거쳐야만 가능한 것입니다.

이처럼 사람의 머리에서 가장 크고 중요한 기관인 대뇌는 좌반구와 우반구가 짝을 이루어 인체의 해와 달 역할을 하고 있는 것입니다.

머리에 해와 달을 넣고
다니는 인간

몸속을 밝히는 별, 성신(星辰)

인체에는 해와 달뿐만 아니라 별들도 있습니다.

인체의 해와 달은 운동과 감각을 주관하고 희로애락, 학습, 기억, 언어, 사색 등 가장 고등적인 정신 활동을 하고 있습니다. 그렇지만 해와 달이 직접 관장하지 못하는 곳이 있다는 것을 간과해서는 안 됩니다.

예를 들어 우리는 심장을 자신의 의지에 따라 빨리 뛰게 하거나 느리게 뛰게 할 수는 없습니다. 위장 또한 마찬가지입니다.

빨리 소화되면 배가 고프니까 '위(胃)야, 천천히 움직여 늦게 소화되게 해라.' 할 수는 없습니다.

이처럼 자신의 의사와 전혀 무관하게 통제되는 기능이 있는데, 이것이 바로 자율 신경계라고 하는 생리 조절 장치입니다.

자율 신경계는 바로 하늘의 성신(星辰)과 같습니다.

21세기의 현대 과학은 하늘의 수많은 별들이 지구와는 무관하게 그저 반짝거리고 있는 것이 아니라고 말합니다. 이 지구 상에 끊임없이 우주선(宇宙線)*이 폭사하고 있음을 밝혀냈습니다.

* 우주에서 끊임없이 지구로 내려오는 매우 높은 에너지의 입자선을 통틀어 이르는 말. 우주에서 직접 날아오는 양성자 및 중간자를 일차 우주선, 대기 속에 있는 분자와 충돌해 이차적으로 생긴 음전자와 양전자를 이차 우주선이라고 한다.

하지만 우주선이 지구와 지구 상의 생명체에 어떤 영향을 끼치는지는 잘 알려지지 않았습니다. 그것은 어쩌면 당연한지도 모릅니다. 서양의 과학은 태양이 지구와 생체에 미치는 영향에 대해서는 상당히 이해했지만, 달의 영향력에 대해서는 몇몇 고독한 과학의 선구자들에 의해 극히 초보적인 사실만 밝혀졌을 뿐입니다.

하물며 별의 영향이야 어찌 알겠습니까?

그런데 인체의 별들[星辰]인 자율 신경계가 우리 몸에 미치는 영향은 비교적 소상합니다.

하늘의 해[日]와 달[月]은 좋은 짝으로 합쳐져 밝음[明]을 이루고 있는데, 그 밝음으로 이루어진 인간의 뇌는 의식적인 노력에 의해 능동적이고 적극적인 행위를 이룩해냅니다.

하지만 진화 과정에서 뇌가 전혀 발달하지 않고 몸통으로만 구성된 하등동물의 경우는 자극과 반응, 섭취와 배설 등 기본적인 생명 활동만 존재합니다. 이러한 기능은 의식적인 노력의 소산이기보다는 자율적으로 무의식 속에서 통제되고 있다고 봐야 합니다.

45억 년 지구의 역사상 가장 발달된 뇌를 가진 인간 역시 무의식 속에서 자율적으로 인체를 조절하는 기능을 버리지 못하고 있습니다. 바로 자율 신경계가 그것입니다.

하늘의 해와 달이 매일 번갈아 가며 능동적으로 지구에 영향을 미치듯 사람의 뇌는 적극적으로 인체를 지배하지만, 낮이나 밤이나 고요히 자신의 우주선을 뿌리는 별[星辰]과 같은 자율 신경계는 장기 기능을 진보와 보수로 나눈다면 보수적 역할을 담당하는 것이 부교감 신경계이고, 진보적 역할은 교감 신경계가 담당한다고나 할까?
교감 신경계의 활동은 광범위하고 전신적이며 어느 의미로는 거친 동화작용을 동반하는 조정인데 대하여, 각 장기의 기능을 세밀히 조정하고 유사시에 대비해 에너지를 축적, 이화작용을 하는 것은 주로 부교감 신경계이다.
─김우겸의 《인체의 생리》 중에서

인체의 내부에서 소리 없이 작용하고 있습니다.

　교감 신경계는 성(星)으로서 양(陽)의 작용을 하고, 부교감 신경계는 신(辰)으로서 음(陰)의 작용을 하여 훌륭한 짝을 이룹니다. 그래서 인체의 생리를 항상 상태(homeostasis)로 유지하고 있는 것입니다.

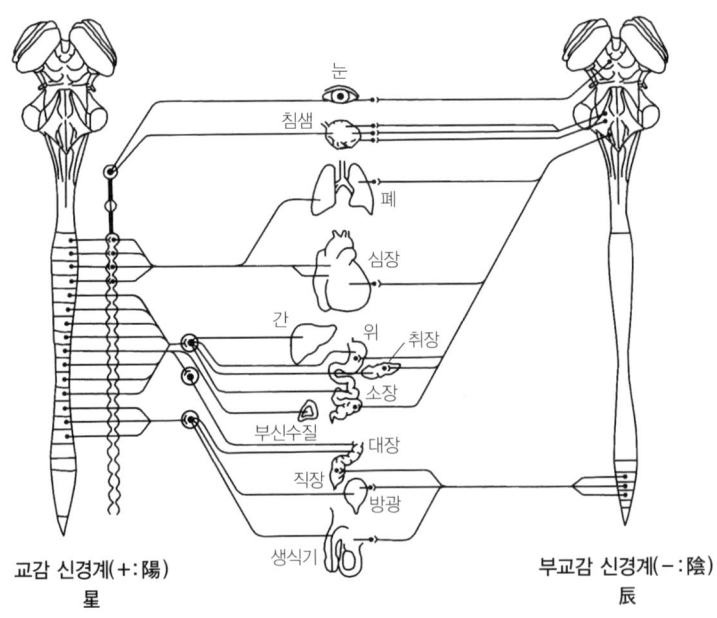

여자는 월경, 남자는 수염

인체에 일월성신이 있듯이 수화토석 역시 존재하지 않을 수 없습니다. 하늘의 일월성신은 서양 의학적 견지에서 살펴보았는데, 땅의 수화토석을 한의학적으로 생각해 봅시다.

결론부터 이야기하면 수화토석은 혈(血)과 기(氣), 육부(六腑)와 오장(五臟)입니다. 이에 대해서는 한의학에 깊은 소양 없이는 이해하기 어렵습니다. 그러니 여기서는, 천지 만물이 짝이 있듯 인체 내부에도 짝이 있다는 것만 이해하고 넘어가도록 합시다.

간단히 설명하자면 기와 혈은 해와 달의 작용에 의해 고동치고 있는데, 좁은 의미로 볼 때 인체의 기는 태양의 에너지와 빛에 의해 만들어지고 변화하게 됩니다.
기는 지상의 불에 속합니다.
또한 혈(血)은 달에 의해 만들어지고 변화합니다.
여성의 월경(月經)과 바다의 조수(潮水)는 달의 영향이 큽니다.
지상의 물에 속합니다.

여자의 월경(月經)과 남자의 수염
남자의 기(氣)가 혈(血)을 이끌고 얼굴까지 뻗어나가 수염이 되고, 여자는 혈(血)이 기(氣)를 안고 자궁(子宮)으로 들어가 월경(月經)이 됩니다.

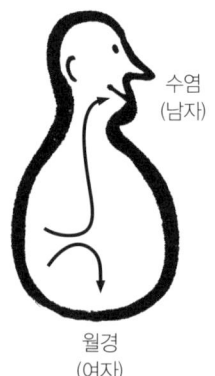

수염
(남자)

월경
(여자)

지상의 물[水]은 인체에 있어서는 피[血]가 됩니다. 지상의 불[火]은 인체에 있어서는 기(氣)가 됩니다.

그런데 물이나 피는 만질 수 있는 물질적 상태입니다. 그러나 불이라는 것은 물질이 에너지로 흩어지는 것이기 때문에 보이기는 해도 만져지는 것은 아닙니다.

마찬가지로 기는 물질 속에 내재(內在)된 에너지입니다. 그래서 느낄 수는 있어도 찾아내기는 어려운 것입니다.

그러나 불[火]이나 기(氣)는 에너지의 한 형태이기 때문에 모이면 길[道路]을 내고 흩어지면 힘으로 표출됩니다. 땅에서는 불[火]이 모여 있는 모습을 '마그마'라 하고 마그마가 흘러가는 길은 지표 속에 있어 잘 알 수 없습니다. 인체 역시 기(氣)가 모여서 흘러가는 길을 12경락(十二經絡)이라 부르며, 흐르는 길의 규칙과 현상을 자세히 밝히고 있습니다.

동양의 전통적 정서는 물질적으로 만질 수 없는 것이라 할지라도 부정하지는 않았습니다. 눈에 보이는 낮이 있으면 눈에 보이지 않는 밤이 있다는 것을 알았기 때문입니다. 동양에서는 이러한 지혜를 바탕으로 보이지 않는 무형(無形)의 본질(本質)을 찾아가는 학문이 크게 발달되어 있고, 인체의 기(氣)에 관한 법칙과 양태가 방대한 자료로 축적되어 있습니다.

한의학에서 침(針)을 이용해 병을 치료하는 것은 불길을 잡아서 인체를 조절하려는 노력의 하나입니다.

오장(五臟)은 간장, 심장, 비장, 폐장, 신장으로 형태상 폐곡선을 그리며 꽉 차 있습니다. 그래서 《내경(內經)》에서는 장정기이불사(藏精氣而不瀉)라 했으며 돌과 같습니다.

육부(六腑)는 위, 소장, 대장, 방광, 담, 삼초로서 형태상 통로의 의미가 크며 꽉 차지 않습니다. 그래서 전화물이부장(傳化物而不藏)이라 했으며 흙과 같습니다.

좀 어려운 말들인데, 이 부분은 이해가 되지 않으면 그냥 넘어가도 좋습니다.

> 오장(五臟)을 음(陰)이라 하고 육부(六腑)를 양(陽)이라 함은 하도(河圖)의 입장에서 관찰한 것이고, 오장을 양이라 하고 육부를 음이라 함은 낙서(洛書)의 입장에서 관찰한 것입니다.

삶과 죽음의 원운동

음(陰)과 양(陽)이 만나 짝을 이루는 우주의 기본 이치는 그 이면에 큰 뜻을 숨기고 있습니다. 즉 마주 보던 짝이 합일(合一)되면서 비로소 그들의 일생이 둥글게 원을 그리며 삶과 죽음의 순환이 시작된다는 것입니다.

뚜렷한 짝의 구분은 유성생식(有性生殖)을 하는 생물에서 볼 수 있는데, 이러한 구분은 고등해질수록 더욱 확연해집니다.

생물과 무생물의 중간 단계이면서 무성생식(無性生殖)을 하는 박테리아(bacteria)를 통해 짝의 개념을 더욱 소상히 밝혀봅시다.

박테리아는 자연계에서 토양, 천연수, 공기, 식물과 동물의 표면 등 거의 없는 곳이 없을 만큼 광범위하게 분포하고 있습니다. 박테리아는 가장 원시적인 단세포 생물인데 오직 현미경을 통해서만 볼 수 있는 대단히 작은 생물입니다. 그 크기는 약 1~10μ*입니다.

실제로 이놈은 생물과 무생물의 사이에서 다리 역할을 하는데 종류에 따라 산소 없이도 살 수 있는 것들도 있고, 끓는 물속과 영하의 추위에서도 무한정 살아남아 있을 수 있습니다. 이놈이 우리

---

* μ(micron)은 1/1000mm입니다.

의 주의를 끄는 것은, 바로 짝이 없이(암수의 구별이 없이) 영원히 살아간다는 점입니다.

후손을 만드는 작업 없이 단순히 자기 몸을 둘로 쪼개서 두 개의 박테리아로 늘어납니다. 약 10~20분이면 둘로 나뉜 박테리아는 먹이를 먹고 적절히 자라나 또다시 분열해서 4개로 늘어납니다.

이들에게 짝이란 개념은 무의미합니다.

또한 죽음이라는 개념 역시 통하지 않습니다.

박테리아를 죽이는 바이러스나 백혈구 혹은 항생제가 없는 이상적인 상황에서는, 이중 분열을 하거나 멈춘 상태에서 영원히 존재합니다.

생명체(生命體)는 다른 힘이 그를 죽이지 않는다 하더라도 자기의 명(命)이 다하면 죽는다는 점을 잊어서는 안 됩니다. 박테리아는 다른 힘에 의해 죽임을 당하지 않으면 영원히 살 수 있습니다. 그러므로 자신의 명(命)이 없습니다. 생체(生體)라고 부를 수는 있지만 생명체(生命體)는 아닙니다.

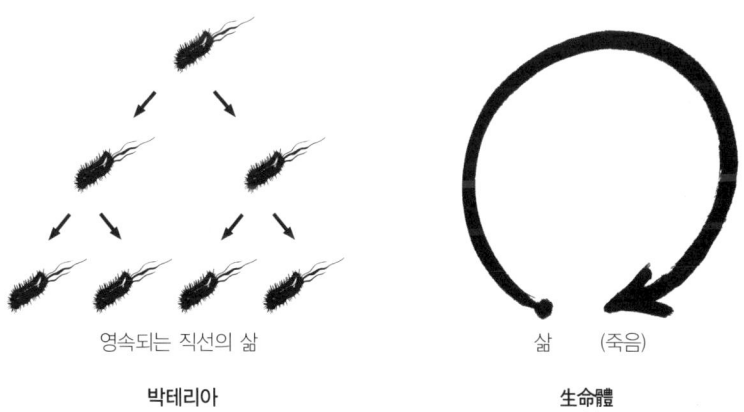

영속되는 직선의 삶   삶   (죽음)

박테리아   **生命體**

이처럼 영원히 산다는 것이 부럽지 않습니까?

그러나 그렇지 않습니다. 박테리아는 영원히 살아 있다는 표현보다는 영원히 존재한다는 표현이 더 어울립니다. 영원히 살아 있음은 영원히 죽어 있음과 같습니다. 삶과 죽음이 함께하지 않는 한 삶이란 의미 없기 때문입니다. 그래서 박테리아는 보는 관점에 따라 무생물로 볼 수도 있습니다.

반면에 영원히 죽어 있는 것이 있습니다. 우리는 이런 것들을 무생물이라고 부릅니다. 영원히 살아 있는 박테리아 같은 것을 양(陽)이라 한다면, 영원히 죽어 있는 무생물 같은 것은 음(陰)이라고 합니다.

영원히 살아 있으며 늘어남(陽)

박테리아

영원히 죽어 있으며 풍화되어 줄어듦(陰)

바위

여러 박테리아 중 조금 더 진화해 짝이 있는 놈을 살펴봅시다.

에스케리키아 콜리(Escherichia coli)는 대장균의 일종인 박테리아입니다. 이놈들은 형태상 보통 두 가지로 나뉘는데 길쭉한 놈, 둥글둥글한 놈으로 구별됩니다.

현미경으로 관찰해 보면 길쭉하게 생긴 수컷 대장균이 둥글둥글하게 생긴 암컷 대장균에게 가까이 다가갑니다. 그리고 짧은 관을 암컷 대장균의 세포벽에 밀어 넣고 유전 물질을 투입합니다. 그 결과 암컷은 소위 말하는 자식 박테리아를 낳는 것입니다.

짝을 이루는 가장 원시적 모습으로 비로소 암컷과 수컷으로 나뉜 것입니다. 그리고 자기 몸의 일부만 떼어내 새로운 자식을 만드는 방법을 고안한 것입니다.

여기서 우리가 간과해서는 안 되는 중요한 사실이 두 가지 있습니다.

첫째, 수컷과 암컷의 대장균이 자기들이 가지고 있는 특징을 합쳐 자식 대장균에게 물려준다는 사실입니다. 자연히 자식 대장균은 부모에 비해 더 뛰어난 환경 적응력을 가지게 됩니다.

둘째, 자기 몸의 일부만 떼어내었던 암수 대장균은 그 대가로 늙어서 죽게 된다는 사실입니다. 성(性)을 통해 짝이 생기면서 다음 세대의 진화를 이루고, 그 대가로 죽음을 맞이하게 된 것입니다.

인간의 일생을 영혼과 육체의 생사(生死)로 본다면 다음과 같습니다.

이분법 상태로 존재했을 때의 불멸은 상실했지만 다음 대에 보다 우수한 형질을 물려줌으로써 후대(後代)에게 더 진화되고 독특한 개체성을 획득할 수 있게 한 것입니다.

자연계에서 볼 수 있는 대부분의 동식물들은 이같은 원칙에 의해 짝이 있는 것이며 보다 나은 다음의 세대를 개척해 나가는 것입니다. 즉 짝이 있음으로 삶과 죽음이 반복되기 시작하는 것입니다.

그러나 무생물과 무성생식의 단계에서는 영원히 죽어 있거나 영원히 살아 있는 존재로서 직선 운동만하고 있을 뿐입니다.

짝이 있는 생명체로 진화함으로써 비로소 삶과 죽음의 원운동이 완성됩니다. 특히 우리나라 사람들은 당대의 삶이 끝나는 것을 '죽었다'라는 표현 대신 '돌아가셨다'는 말을 보편적으로 씁니다.

우리의 삶은 둘 중 과연 어느 것일까요?

죽음이란, 한없이 직선의 길을 걷다가 그 길의 끝에 벼랑이 있어 떨어져 사라져 버리는 것이 아니고, 삶이 시작되었던 어떤 점에서 출발하여 둥근 길을 따라 걷다가 다시 그 점으로 돌아간다고 이해했던 것입니다. 즉 짝이 생기면서 죽음이 시작됐지만 그 죽음은 삶의 상대적인 개념으로 삶이 죽음을 돕고 죽음이 삶을 돕는 태극 속의 죽음인 것입니다.

태극도를 잘 보십시오.
살아 있음은 완전히 살아 있는 것입니까?
죽은 것은 완전히 죽은 것입니까?

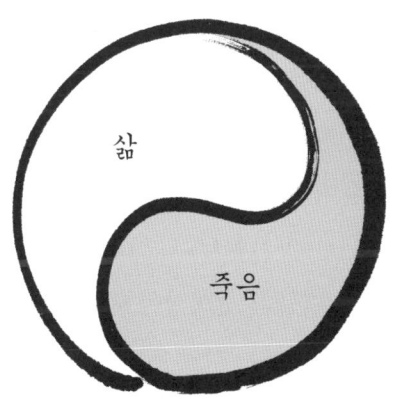

음양의 상대성

앞에서 우리는 삼라만상뿐만 아니라 인체 역시 짝이 있다는 것을 공부했습니다.

언덕의 응달과 양달처럼 현상계에 음이 존재하면 양이 상대적으로 존재하게 됩니다.

이러한 현상을 '음양의 상대성'이라고 합니다.

음양의 상대성이야말로 음양으로 하여금 수천수만 가지의 현상을 설명 가능하게 하는 바탕이 되는 것입니다. 왜냐하면 삼라만상의 실상을 자세히 관찰하면 할수록 자연은 신비롭게도 상대적인 두 가지로 짝을 이루고 있기 때문입니다.

음양의 상대성을 이야기할 때 생각나는 사람이 있습니다.

따뜻한 마음의 휴머니스트이며 위대한 과학자인 아인슈타인(Albert Einstein, 1879~1955)입니다. 그는 상대성 이론의 영감을 어디서 얻었을까요? 그가 깨달은 상대성은 다음 장에서 설명할 '하나 속의 음과 양'을 이해했었다는 것이 더 정확합니다.

하여튼 자연계는 짝으로 존재한다는 사실을 잊지 마십시오. 횡적으로 이루어져 상생(相生)하는 경우의 짝이 있으며, 종적으로 이루어져 상극(相克)하는 경우의 짝이 있는 것입니다.

　남녀가 만나 짝을 이루는 것은 상생의 짝이고 조화의 바탕이 되는 것이며, 돼지와 뱀이 만나 짝을 이루는 것은 상극의 짝이고 치병(治病)의 바탕이 되는 것입니다(상생과 상극은 다음 권인 《오행은 뭘까?》에서 자세히 설명하겠습니다).

둘. 홀로 있는 우주

자연의 참모습을 보려는 사람들의 시각은 고정되어 있어서는 안 됩니다. 자연은 단 한순간도 그 자리에서 멈추지 않기 때문입니다. 추상(抽象)은 끊임없는 시각의 변화 속에서 가능한 것입니다. 앞에서 우리는 응달과 양달이 언덕 위에 동시에 생기는 것을 통해, 우주에는 상대적으로 마주 보고 있는 짝이 있다는 것을 알았습니다. 이제는 시각을 바꾸어 언덕의 입장이 되어 봅시다.

자! 언덕은 하나입니까, 둘입니까?

언덕은 하나입니다. 언덕은 홀로 있으며 응달과 양달을 품고 있습니다. 하나 속에 둘인 음과 양을 동시에 지니고 있는 것입니다. 이러한 상태를 개념적으로 음양의 일원성이라 했는데, 그러한 일원성이 현실적으로 어떻게 나타나는지 함께 살펴봅시다.

몸과 맘

사람을 하나의 언덕이라고 한다면 응달과 양달은 무엇일까요?

바로 몸과 맘(마음)입니다.

사람은 몸과 마음이 합쳐져 하나의 생명체로 존재하고 있는데 그 표면(表面)에 몸을 두고, 그 이면(裏面)에 맘을 담고 있는 것입니다. 몸과 맘은 동일한 어원에서 나온 말입니다. 우리의 선조들은 몸과 맘이 음양으로 존재하며, 둘이 아니라 하나라는 사실을 잘 알고 있었기 때문입니다.

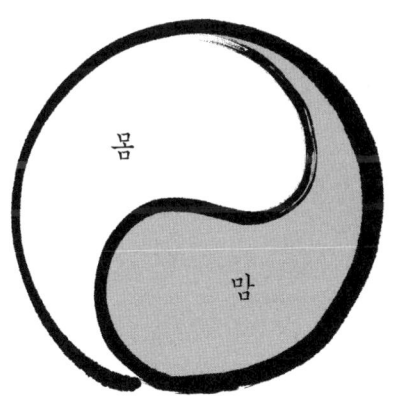

몸과 맘이 두 개로 나뉘게 되면 '죽었다'고 합니다.

짝이 있는 우주의 관점에서 보면, 남자와 여자가 음양으로 마주 보고 있습니다. 그런데 남자든 여자든 한 사람의 개체 입장에서 볼 때도 음(陰)과 양(陽)이 합쳐져 개체를 이루고 있다는 것을 알 수 있습니다. 여기서 말하는 한 사람의 개체는 언덕이라 할 수 있으며, 몸과 맘은 언덕의 응달과 양달입니다.

즉, 개개의 사람은 현상계에 태극(太極)으로 존재하며, 몸과 마음을 음과 양으로 삼고 있는 것입니다.
'홀로 있는 우주'에서는 하나의 태극(太極) 속에서 음과 양이 어떻게 공존하고 있는지 공부해 봅시다.

블랙홀은 우주의 자궁

존재는 모두 스스로 완벽한 태극입니다.

만약 여자가 음양(陰陽) 중 반(半)쪽이라면 순전히 음(陰)으로만 된 몸[순음체(純陰體)]이 됩니다. 역시 남자가 음양 중 반(半)쪽이라면 순전히 양(陽)으로만 된 몸[순양체(純陽體)]이 됩니다.

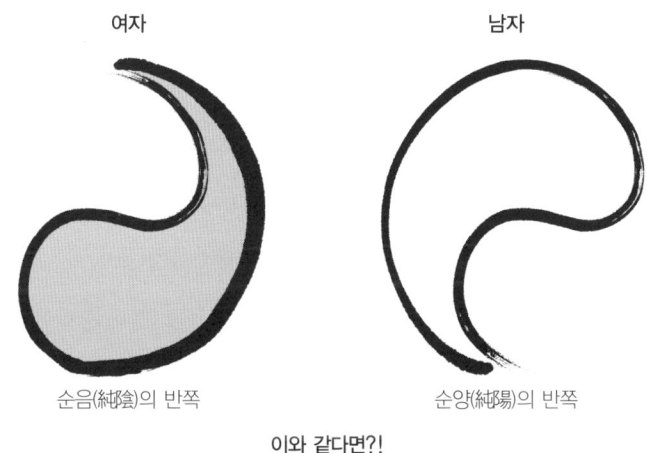

여자 / 남자

순음(純陰)의 반쪽 / 순양(純陽)의 반쪽

이와 같다면?!

가령 순음(純陰)*이라면 음(陰) 기운만 존재하는 것으로 끝없이 수축만 하게 됩니다. 이런 경우는 여자라는 존재가 되지 못하고 형

---

* 역(易)에서는 순음(純陰)을 ☷(坤卦)로 추상하고, 순양을 ☰(乾卦)로 추상합니다. 반면 남자는 ☵(坎卦)로 추상하고, 여자는 ☲(離卦)로 추상합니다. 순음순양(純陰純陽)인 건곤(乾坤)은 대우주에만 있는 뜻[志]일 따름입니다.

체가 점점 작아져서 결국 사라져 버리고 맙니다.

　우주에서 순음과 가장 가까운 것은 블랙홀(Black Hole)과 같은 존재입니다. 즉 형상을 가질 수 없을 정도로 끝없이 수축만 합니다. 그렇지만 블랙홀이 존재하고 있다는 것은 음양의 상반되는 힘이 서로 팽팽하게 대치하고 있기에 가능한 것입니다. 블랙홀 내부에는 빨아들이는 힘만큼 반발하는 에너지가 농축되어 있습니다. 그러므로 블랙홀 역시 순음체(純陰體)는 아닌 것입니다. 블랙홀이 존재한다고 하고, 백조자리의 X-1에서 그것이 관찰된다면 이미 순음(純陰)이 될 수 없기 때문입니다.

　어떠한 존재도 음양의 힘이 일대일로 맞물리지 않으면 물체[形]와 에너지[神]를 유지할 수 없습니다.
　남자 역시 순양(純陽)으로 존재한다면 몸이 한없이 분열되어 흩어지다가 결국 연기처럼 사라져 버리게 되는 것입니다.

따뜻한 남자, 차가운 여자

하나 속에 정반대되는 음과 양의 성질이 공존하고 있다는 사실을 느낄 수 있습니까?

우리가 살고 있는 현상계는 이 원리에서 벗어날 수 없습니다. 모든 개체의 형태나 성질은 반대되는 두 힘에 의해 이루어져 있습니다. 딱딱함과 부드러움을 통해 보다 쉽고 다양한 모습의 '하나 속의 음과 양'을 알아봅시다.

조개의 껍데기는 딱딱합니다. 조개의 껍데기가 딱딱하다는 것은 그 속이 부드럽다는 것을 간접적으로 시사하고 있습니다.

조개처럼 단단한 껍데기를 가지고 있는 소라 역시 마찬가지입니다. 소라를 먹을 때 입에 씹히는 부드러운 맛을 다들 아시죠?

여름에 먹는 참외와 수박도 생각해 보세요. 참외와 수박을 만져보면 단단합니다. 그러면 그 속이 부드러운 것은 당연하겠죠?

> 조개나 소라의 껍데기가 단단하다는 것은 그 속에 부드러운 알맹이를 숨기고 있다는 말입니다.

거북의 모습은 ☷과 같아 바깥은 음(陰)의 껍데기를 쓰고 있으나, 그 이면에 양(陽)을 숨기고 있습니다.

부드러운 살과 딱딱한 뼈

물고기의 강유(剛柔)

자라나 거북은 어떻습니까? 그들의 등과 배는 너무 단단해서 마치 돌과 같습니다.

그 정도로 단단한 껍데기에 싸여 있는 자라와 거북의 몸통은 얼마나 부드러울지 상상할 수 있을 것입니다.

이제 알겠습니까? 딱딱함과 부드러움[剛柔]은 서로 반대되는 성질로서 하나의 개체 속에 공존하고 있는 것입니다.

겉이 딱딱하면 속이 부드러운 것은 자연의 이치입니다. 겉이 부드러우면 속이 딱딱한 것 역시 같은 원리입니다.

자두나 복숭아 등도 생각해 보세요.

겉이 부드러운 만큼 속에는 딱딱함을 감추고 있습니다.

물고기를 생각하면 그 말을 쉽게 이해할 수 있습니다. 물고기의 겉은 조개에 비해 상대적으로 부드러운 만큼 속에는 딱딱함을 감추고 있지 않을까요? 그렇습니다. 물고기의 몸속에는 날카롭고 딱딱한 뼈가 들어 있는 것입니다.

이와 같이 하나 속에 공존하는 딱딱함과 부드러움의 이치를 인체에도 적용해 봅시다. 동양의 이치는 만능열쇠(master key) 같아서 어디에든 응용할 수 있습니다.

인체의 상부부터 하부를 관찰해 봅시다.
먼저 머리는 바깥에 단단한 두개골로 싸여 있습니다.
그런데 그 속에는 부드러운 뇌가 들어 있습니다.
외강내유(外剛內柔)한 모습입니다.
눈, 코, 귀, 입 등이 있는 얼굴 부분은 대체로 겉에 부드러운 조직과 기관이 있으며, 그 속에 뼈가 들어 있습니다.
내강외유(內剛外柔)한 모습입니다.

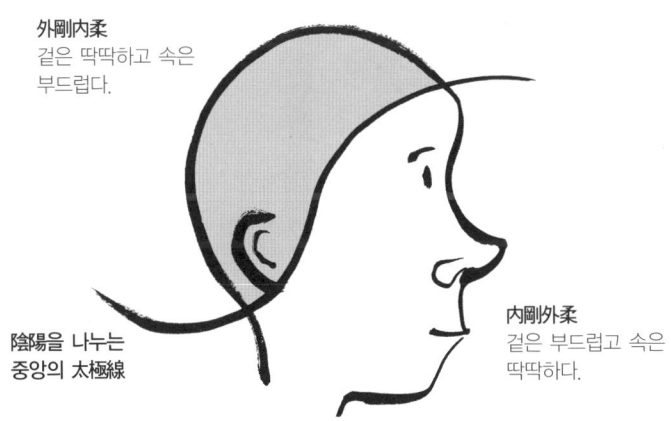

목을 경계로 하여 목의 위쪽은 얼굴과 머리가 음과 양이 되어 맞물려 있습니다. 또한 얼굴과 머리의 겉과 속은 딱딱함과 부드러움의 조화를 이루고 있습니다.

이번에는 목 아래의 몸통을 봅시다.
가슴은 바깥에 단단한 갈비뼈로 싸여 있습니다.
그런데 그 속에는 부드러운 허파 등이 들어 있습니다.
외강내유한 모습입니다.
더 밑의 복부와 골반까지는 속에 단단한 척추와 골반뼈를 숨기고 바깥은 부드럽습니다.
내강외유한 모습입니다.

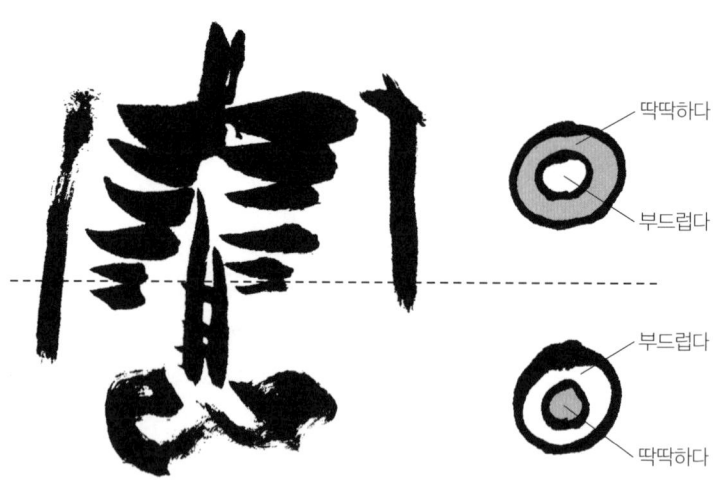

인체 속의 강유(剛柔)

목의 아래는 가슴과 배가 음양이 되어 맞물려 있습니다.

또한 가슴과 배는 겉과 속이 딱딱함과 부드러움으로 조화를 이루고 있습니다. 인체에서 가장 중요한 머리, 가슴, 배의 부위는 강유(剛柔)의 짝을 보여주고 있는 것입니다.

이제 인체를 통째로 관찰해 봅시다.

하늘로 올라갈수록 바깥에 뼈가 있어 겉이 딱딱하고 속이 부드러우며, 땅으로 내려갈수록 속에 뼈가 있어 속이 딱딱하고 겉이 부드럽습니다.

우리 인체에서 양(陽)인 상부는 외강내유하며,

음(陰)인 하부는 내강외유합니다.

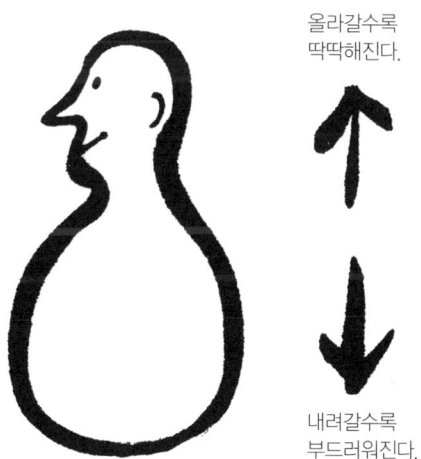

딱딱함과 부드러움이 하나 속에 맞물려 있는 것은 형태에만 국한된 것이 아닙니다.

이번에는 물의 성질을 통해 강유를 살펴봅시다.

이 세상에 물보다 더 부드러운 것이 있을까요? 그런데 그토록 부드러운 물이 세상에서 가장 단단한 본성을 숨기고 있다면 믿으실 수 있겠습니까? 믿기 어렵겠지만 틀림없는 사실입니다. 실제로 물을 통하지 않고서는 그 어느 것도 딱딱하게 되지 못합니다.

쉽게 들 수 있는 예가 바로 콘크리트입니다. 시멘트는 물을 만나지 못하면 가루일 뿐입니다. 물이 시멘트를 결집시키고 나서야 비로소 딱딱한 콘크리트가 되는 것입니다.

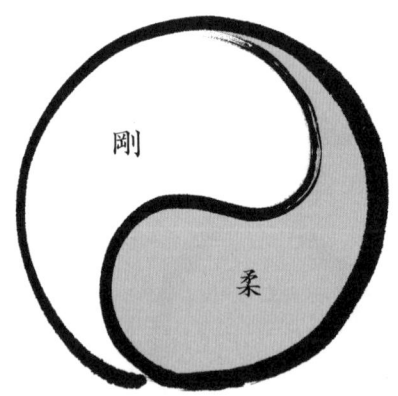

흩어져 있는 만물을 하나로 붙이는 것 역시 물이 없으면 불가능합니다. 부드러운 물속에 숨은 본성이 딱딱함이기 때문입니다.

그래서 동양에서는 수(水)를 북방(北方)에 배속하고 천지의 기운이 하나로 응결된 모습으로 추상(抽象)한 것입니다.

사람의 본성도 이와 같습니다.

여자는 물로 비유할 수 있습니다.

부드러운 여자의 이면에는 강인한 본성이 숨어 있는 것입니다. 또한 강해 보이는 남자의 이면에 한없이 약한 본성이 숨어 있습니다. 강한 근육질을 가진 운동선수의 마음이 더 연약하고 순진한 것이며, 사교성 좋으며 유들유들한 사람의 속마음이 더 독합니다.

차갑고 냉정해 보이는 여자의 속마음이 활화산같이 타오를 수 있으며, 항상 친절한 여자의 속마음이 의외로 냉정할 수 있는 것입니다.

겉이 부드러우면 속이 딱딱하고,
속이 부드러우면 겉이 딱딱합니다.
강유(剛柔)는 하나 속의 음과 양이 태극 속에 동시에 존재하는 것입니다.

딱딱한 오징어, 부드러운 쇠

우리는 이제 하나 속에 맞물려 있는 딱딱함과 부드러움이 형태에만 국한되는 것이 아니라는 것을 알았습니다. 강유(剛柔)는 정확히 일대일로 맞물려 있는 자연의 법칙입니다.

오징어나 낙지는 형태상으로 여느 물고기보다 훨씬 부드럽습니다. 그러나 부드러운 만큼 더 딱딱함을 속에 감추고 있습니다. 오징어나 낙지를 불에 구워보십시오. 금방 질기고 딱딱해질 것입니다. 또한 낙지가 들어 있는 전골은 끓이면 끓일수록 낙지의 살은 단단해져 맛이 없어집니다. 이 세상의 모든 존재는 열(熱)을 가하면 속에 숨어 있는 보이지 않은 성질이 뛰쳐나오게 되어 있습니다.

계란 프라이도 마찬가지입니다. 계란의 속은 부드럽지만 불을 가하면 딱딱해집니다. 계속 구우면 까맣게 타면서 더 딱딱해집니다. 속에 숨어 있던 딱딱한 성질이 열(熱)을 못 이기고 나타난 것입니다.

쇠는 딱딱합니다. 어떤 것보다 딱딱하기 때문에 열을 가하면 부드럽다 못해 액체가 됩니다. 단지 쇠는 그 부드러움을 너무 깊숙이 숨기고 있기 때문에 어지간한 열로는 부드러움을 드러내지 않을 뿐입니다.

딱딱하다는 것은 보이지 않는 이면(裏面)의 본성을 속에 꽁꽁 묶어둔 것(close)이기 때문에 딱딱하면 딱딱할수록 부드러움을 쉽게 꺼내기 어렵고, 부드럽다는 것은 자신을 열어둔 것(open)이기 때문에 속에 숨어 있는 단단한 속성을 쉽게 꺼낼 수 있습니다. 그래서 딱딱한 쇠는 녹이기 어려운 것이고, 부드러운 물은 증발하기 쉬운 것입니다.

남자는 단단합니다.
그러나 그 이면에 부드러움을 숨기고 있습니다.
반대로 여자는 부드럽습니다.
하지만 여자가 부드럽게 나오면 나올수록 그 마음속에는 단단한 경계(警戒)가 숨어 있을 수 있습니다.

오징어에 체(滯)하면 오징어를 먹는다

놀랍게도, 오징어를 먹고 체(滯)했을 때는 오징어로 치료하는 것이 가장 좋습니다. 그렇다고 또 오징어를 먹으면 더 심하게 체할 텐데 무슨 말일까요?

전통적으로 내려오는 민간요법에 바로 그 해답이 있습니다.

오징어를 먹고 체했을 때는 오징어를 불에 태웁니다. 불에 새까맣게 태우면 오징어는 숯처럼 됩니다. 숯처럼 시커멓게 된 오징어를 맹물에 집어넣고 한참을 놓아두면 노란 물이 우러납니다. 그 우러난 물을 마시면 체한 것이 내려가게 됩니다.

체한다는 것은 오징어가 위(胃)에 남아 있는 것이 아니라 오징어가 갖고 있는 에너지가 위의 작용을 방해하고 있는 것입니다. 이때 오징어의 물질적 성분은 이미 위를 거쳐 장(腸)에서 흡수되었거나 배설된 상태입니다.

이런 상태에서 오징어를 태운 물을 마신다는 것은 무엇을 의미할까요? 오징어를 시커멓게 태우면 오징어의 알맹이가 오징어 밖으로 뛰쳐나와 날아가 버리고 오징어의 물질적 성분만 남게 됩니다. 이러한 물질적 성분은 오징어 알맹이와 정확히 일대일의 힘을 가지고 있습니다. 그래서 물질적 성분이 우러난 물을 마시면 위 속에 걸려 있는 오징어 알맹이와 만나 합쳐지게 됩니다. 그 결과 체한 기운이 내려가는 것입니다.

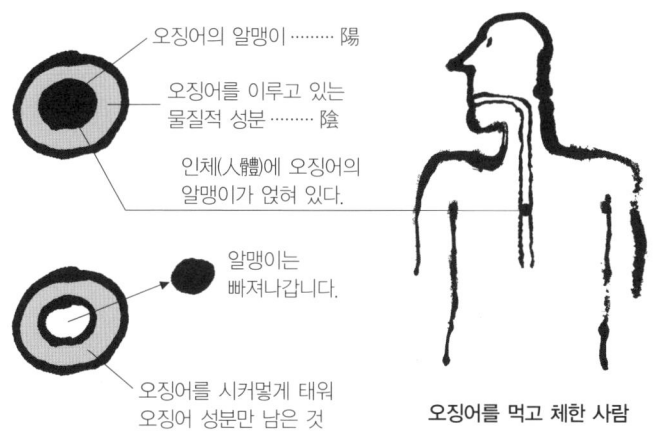

오징어를 먹고 체한 사람

오징어뿐만 아닙니다. 만유(萬有)는 모두가 알맹이(에너지)와 껍데기(물질)의 힘이 일대일로 존재하기 때문에, 병의 원인이 되는 것에 반드시 그 병을 치료하는 약이 있게 마련입니다. 설령 부부싸움을 했다고 합시다. 아내가 마음의 상처를 받았다면 상처를 준 남편이 달래주는 것이 가장 완벽한 치료입니다.

이열치열(以熱治熱)이나 이독치독(以毒治毒)도 이 같은 원리에서 설명할 수 있는 것입니다.

여름엔 삼계탕, 겨울엔 냉면

여름을 지내는 데 대표적인 음식이 삼계탕입니다. 그런데 우리는 왜 더운 날에 뜨거운 삼계탕을 먹는 것일까요?

사실, 이러한 식문화(食文化)에는 우리 선조의 지혜가 비밀스럽게 숨어 있습니다.

바로 그 비밀은, 여름이 되어 날씨가 더워지면 몸의 표면(表面)은 뜨거워지나, 몸의 이면(裏面)은 차가워진다는 이치입니다.

물론 여기서 말하는 '뜨겁다'와 '차다'는 실제 온도를 말하는 것이 아니고 한의학적인 한열(寒熱)의 개념입니다.

그래서 한여름에 날씨가 더워지면 성질이 몹시 뜨거운 닭고기, 인삼, 대추 등을 함께 달여서 차가워진 속을 데우는 것입니다.

여름에 시원한 팥빙수나 성질이 찬 과일을 먹으면 쉽게 배탈이 나서 설사하는 것도 이런 이유 때문입니다. 몸의 외부가 더워지면 자동적으로 몸의 내부가 차가워지는 것은 자연의 이치입니다.

요즈음 우리가 여름에 즐기는 냉면은 본래 겨울 음식이었습니다. 우리의 선조들이 한겨울에 얼음이 둥둥 떠 있는 동치미 국물에 성질이 찬 메밀국수를 말아 먹은 것은, 겨울에 뜨거워진 속을 식히려 하셨던 것입니다. 이처럼 우리 선조들은 자연의 이치를 바탕으로 음식을 만들어 먹었습니다. 그러니 여름에 냉면을 먹는 오늘날의 우리 모습을 다시 한 번 생각해야 하지 않겠습니까?

차가움과 뜨거움이 인체에 공존하는 원리는 지구라는 생명체에도 역시 동일하게 적용됩니다. 우리가 살고 있는 지구의 북반구에 여름이 오면 남반구는 추운 겨울이 됩니다. 반대로 북반구에 겨울이 오면 남반구는 뜨거운 여름이 됩니다. 이런 현상은 지구가 태양 주위를 돌고 있는 공전에 의해 생긴 것입니다. 또한 이러한 공전의 영향에 관계없이 지구 자체로서도 한열(寒熱)이 맞물려 있습니다.

열(熱)이 속에 있고 한(寒)이 겉에 있으면 고요하고[靜], 한(寒)이 속에 있고 열(熱)이 겉에 있으면 움직입니다[動].

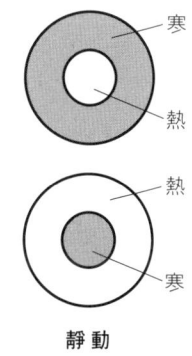

靜 動

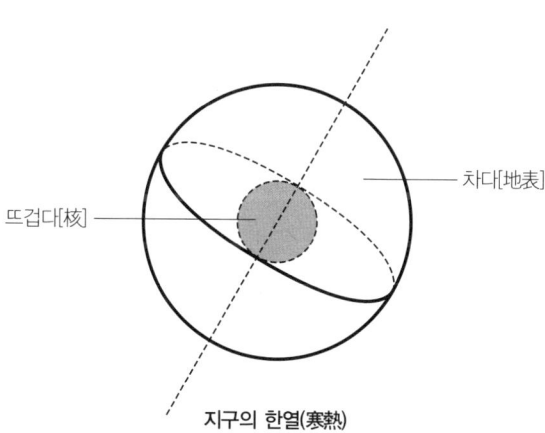

지구의 한열(寒熱)

지구의 지표면은 차게 굳어 있지만 속으로 들어갈수록 뜨거워지고, 중심핵(core)에 다다르면 엄청난 고온 때문에 액체상을 띠고 있습니다.

지구 역시 하나 속에 차가움과 뜨거움이라는 두 개의 힘이 공존하는 원리에서 벗어날 수 없는 것입니다.

자석과 지구, 그리고 우주

어릴 때 자석을 가지고 놀던 기억이 있을 것입니다. 자석은 전동기나 라디오, 텔레비전 등 전기 기계에 아주 광범위하게 이용되고 있습니다. 그러한 자석은 독특한 성질을 가지고 있는데, 큰 막대자석의 가운데를 자르면 NS극이 분리되지 않고 완전한 두 개의 새로운 자석이 된다는 사실입니다.

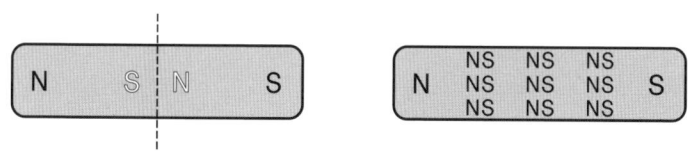

신기하게도 자석은 반을 자르면 즉시
내부의 자성(磁性)이 새로이 정리됩니다.

나누어진 자석을 다시 나누어도 역시 많은 자석이 될 뿐 NS극은 완전히 분리되지 않습니다. 즉 한 개의 큰 자석은 무수히 많은 분자 자석(꼬마 자석)들로 질서정연하게 정돈되어 있다는 것이 바로 웨버(W. E. Weber, 1804~1891)의 자기 분자설입니다.

여기서 우리는 막대자석 내부에 있는 양극(兩極)의 결합은 분리할 수 없으며, 무수히 많은 조각으로 나누더라도 결국 하나 속에 두 개의 극(極)을 동시에 가지고 있는 모습을 발견할 수 있습니다.

지구 역시 하나의 거대한 자석이라는 것은 우리 모두 알고 있는 사실입니다.

자북(磁北)과 진북(眞北)은 일치해야 합니다. 그러나 현재의 지구는 이것이 일치하지 않아 불측지변(不測之變)이 일어나는 것입니다.

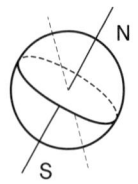

남극과 북극을 축으로 하여 자장(magnetic field)을 형성하는 것은 지구 자체가 하나의 자석이며, 그 이면에 두 개의 극을 동시에 숨기고 있다는 것을 나타냅니다.

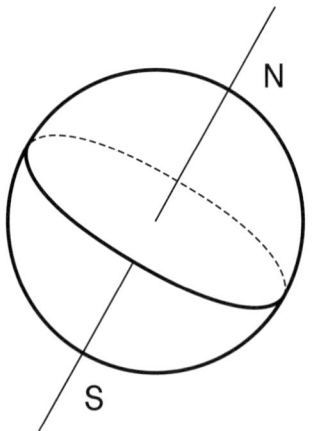

지구는 하나의 거대한 자석이 아닐까요?

시각을 넓혀서 우주를 봅시다. 글자 그대로 뜻을 해석하면, 우(宇)는 공간을 뜻하며 주(宙)는 시간을 뜻한다고 했습니다.

유클리드의 《기하학 원본(Stoicheia)》에는 '점과 점을 잇는 최단 거리는 직선이다.'라는 정의가 있습니다. 이 정의에는 모순이 있을까요, 없을까요?

결론부터 말하자면 틀린 말입니다.

얼핏 생각하면 진실 같아 보이는 이 정의가 현 우주의 상황에서는 통하지 않습니다. 우리가 살고 있는 우주는 시간과 공간이 씨줄과 날줄이 되어 직조되고 있는 거대한 베틀과도 같습니다. 그런데 시간과 공간은 절대적 시간이 아니며, 절대적 공간도 아닙니다. 만일 우리가 시간을 배제한 절대적인 공간을 현실적으로 만들 수 있다면, 점과 점을 잇는 최단 거리가 직선이 될 수도 있습니다.

그러나 현실의 우주에서는 그 어디에도 절대적 공간은 존재하지 않습니다.

가장 짧은 거리는 곡선을 그립니다. 비(非)유클리드 기하학에서는 점과 점을 잇는 최단 거리가 곡선이라 설명하고 있습니다. 그 이유로, 둥근 지구의 표면을 예로 들었습니다. 그러나 그 설명도 올바르지는 않습니다.

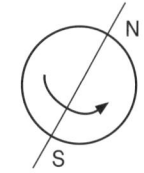

우(宇)와 주(宙)는 음과 양으로서 서로 맞물려 우주 전체가 거대한 태극을 이루고 있습니다.

이러한 우주적 상황에서 볼 때, 시간과 공간은 둘이 아니며 하나 속에 들어 있는 두 개의 얼굴에 불과합니다.

즉, 우(宇)는 주(宙)로 바뀔 수 있으며,

주는 우로 바뀔 수 있습니다.

다시 말하면 공간은 시간으로, 시간은 공간으로 자기의 모습을 바꿀 수 있는 동시에, 시간은 시간대로 공간은 공간대로 확장과 수축이 일어나는 것입니다. 그래서 우주에서 한 점과 한 점을 잇는 최단 거리는 시공이 혼재된 곡선으로 나타날 수밖에 없습니다.

이러한 결과는, 전적으로 우주 자체가 태극체(太極體)이며, 그 이면에 시공(時空)이 음과 양으로 맞물려 있다는 사실 때문입니다.

* 오행(五行)에서 목(木)의 곡직(曲直)하는 힘만이 가장 빠르고 멀리 갈 수 있습니다(다음 권인《오행은 뭘까?》를 참조하세요).

1+1=0 ?!

　이번에는 쉽게 실험해 볼 수 있는 도구를 가지고 하나 속의 음양을 이해해 봅시다.
　풍선과 스프링, 고무줄 그리고 실 끝에 돌을 매달아 준비해 둡시다.
　이 실험은 서로 반대 방향의 힘이 음과 양으로 맞물려 현상계를 유지하고 있다는 사실을 실제로 확인해 보는 것입니다.

　먼저 풍선을 이용해 봅시다. 풍선을 적당한 크기로 불어 팽팽해진 풍선의 꼭지를 꽉 쥐고 막았을 때 힘이 작용하는 상황을 보세요. 풍선 속의 공기는 밖으로 팽창하려는 힘이 있고, 풍선은 수축시키려는 힘을 가지고 있습니다.

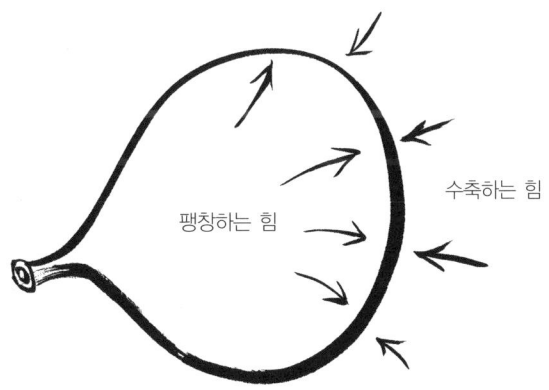

풍선이 늘어나건 수축하건 모든 점(불연속 점)에서 늘어나는 힘과 줄어드는 힘은 일대일로 동일합니다. 시간이 개입되어 불연속점을 연결하여 보면 늘어나는 힘이 이기고 있는지, 수축하는 힘이 이기고 있는지 나타날 뿐입니다. 시간이 개입되어야 승부가 일어나며 陰陽의 주도권 투쟁이 시작됩니다.

이때 팽창의 힘과 수축의 힘은 일대일입니다. 이처럼 반대되는 두 힘은 음양을 이루며 풍선의 형태를 고정시켜 주고 있는 것이며, 풍선은 하나의 태극으로 그 두 힘을 내부에 품고 있는 것입니다. 아울러 알 수 있는 것은 풍선을 입에 물고 더 크게 불면 풍선이 커지는데 그 과정은 팽창이 주도하는 과정으로, 자연계에서는 봄과 여름에 볼 수 있고 다시 풍선을 손에 쥐고 바람을 조금씩 빼면 수축이 주도하는 과정으로 바뀌는데, 자연계에서는 가을과 겨울에 볼 수 있습니다.

스프링 역시 마찬가지입니다.
적당한 힘으로 스프링을 누르면 누르는 힘과 반발하는 힘이 일대일이 되어 힘의 태극이 형성됩니다.

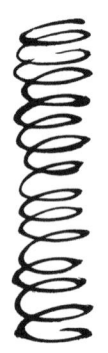

용수철을 누를 때 누르는 힘과 반발하는 힘 사이에 시간의 차가 있을까요?

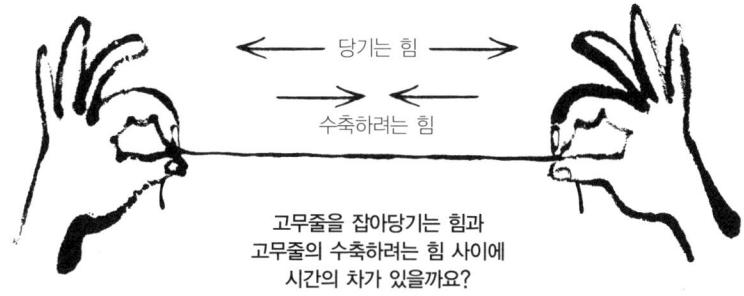

고무줄을 잡아당기는 힘과
고무줄의 수축하려는 힘 사이에
시간의 차가 있을까요?

고무줄도 양손에 쥐고 적당한 세기로 늘여 봅시다.

마찬가지로 당기는 힘과 수축하는 힘이 일대일이 됩니다. 풍선과 스프링처럼 고무줄은 반대되는 두 힘이 맞물려 하나 속의 음과 양의 힘이 태극을 이루고 있는 것입니다.

그런데 여기서 수축의 힘이 견디지 못할 정도로 고무줄을 늘이면 어떻게 될까요? 당연히 고무줄은 끊어지게 되고, 팽팽한 일대일의 생명력은 사라져 버리게 됩니다. 풍선도 한없이 불면 터져 버리고 용수철도 너무 강한 힘으로 늘여 버리면 용수철의 기능을 잃고 맙니다.

양의 힘이나 음의 힘 중 하나가 너무 강하여 일대일의 균형을 잃게 되면 곧 태극은 깨어져 버리는 것입니다.

현상계의 모든 태극체는 이 같은 이치에 의해 존재하고 있습니다. 인간 역시 마음[唯心]과 몸[唯物] 사이에서 한쪽으로만 기울게 되면 음양의 균형이 깨어지고 병(病)이 생기는 것입니다.

마지막으로 실 끝에 매단 돌을 돌려 봅시다.

돌리는 힘이 너무 약하면 원을 그리지 못하고, 너무 강하면 실이 끊어져 버리게 됩니다.

즉, 돌이 실에서 멀어지려는 힘과 실이 돌을 잡아당기는 힘이 일대일이 되었을 때 완전한 원을 그리며 돌 수 있는 것입니다.

이처럼 우리가 잘 알고 있는 원심력과 구심력은 역시 음과 양의 반대되는 힘으로 현상계에 존재하는데, 여기서 돌은 두 힘을 동시에 가지고 있는 태극에 해당합니다.

지구와 인공위성

실 끝에 매달린 돌과 돌을 돌리는 사람 사이에 대립하는 두 힘을 태극으로 보았을 때, 돌이 있는 모든 자리를 황극(皇極)이라고 할 수 있습니다.

돌멩이에 걸리는 원심력과 구심력

인공위성 또한 원심력과 구심력에 의해 지구 주위를 돌고 있습니다. 그리하여 지구 상공에서 돌고 있는 인공위성은 실 끝에 매달린 돌처럼 지구의 중력에 의해 당겨지는 힘과 지구 밖으로 날아가려는 힘이 일대일이 되어서 원운동을 하는 것입니다.

수소원자도 마찬가지입니다.

수소원자는 한 개의 양자 주위에 한 개의 전자가 돌고 있는데, 전자는 무려 빛의 10분의 1 정도의 속도로 돌고 있습니다. 여기서 우리는 돌과 인공위성, 전자 등이 하나의 태극으로 존재하며, 내부에 원심력과 구심력이라는 음양의 힘을 동시에 가지고 있는 태극체(太極體)임을 알 수 있습니다.

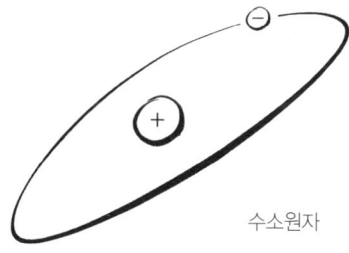

수소원자

심자 중앙지태극야(心者 中央之太極也)

이제마 선생은 심장이 중앙에 있는 태극(心者 中央之太極也)이라고 했습니다. 물론 심장이 가운데 있지 않고 좌측에 있으며 마음 역시 기울어져 바로잡기 어렵지만 그 형태나 작용은 태극의 모습을 잘 보여주고 있습니다.

인체의 전체 혈관계(blood vascular system)를 통해 하나 속의 음과 양을 봅시다.

인체에서 피가 도는 것은 나무와도 같습니다.

나무의 피는 물입니다. 나무에 있어 물의 순환은, 봄과 여름에는 나무의 뿌리에서 끌어 올려져 나뭇잎 끝까지 올라가고, 가을과 겨울에는 다시 가지 끝에서 뿌리로 돌아가는 것입니다.

또한 인체의 피의 순환(blood circulation)은 심장에서 동맥을 통해 모세혈관까지 뿜어지고 다시 모세혈관에서 정맥을 통해 심장으로 돌아오는 과정입니다. 옆의 그림처럼, 전체 혈관계 자체가 하나의 태극을 이루며 인체의 각 조직에 영양

물질, 산소 등을 공급하며 조직 세포의 대사, 성장, 재생을 도와주고 있습니다.

또한 나무에 비유하자면 심장은 북방 일태극수(北方 一太極水)를 나타내며, 한없이 분열된 모세혈관은 남방 십무극(南方 十無極)의 실상을 보여주고 있습니다.

심장 하나만 떼어서 볼 때에도 마찬가지입니다.

심장은 중격을 사이에 두고 좌심(左心)과 우심(右心)이 각각 양과 음이 되어 하나의 태극을 이루고 있는데, 우심은 정맥혈(靜脈血)이 돌아와 서북(西北)의 하강(下降)을 보여주고, 좌심은 폐에서 오는 깨끗한 혈액을 전신에 뿜어주는 동남(東南)의 상승(上升)을 보여주고 있습니다.

중격[心室中隔; interventricular septum]

콩

심장(心腸)은 중격(中隔)을 사이에 두고 콩처럼 반으로 나뉘어 있습니다.

이 그림을 보면 알 수 있듯이 좌우로 나뉜 심장은 콩과 비슷합니다. 콩은 현상계에서 태극의 모습을 잘 보여주는 것 중 하나입니다. 콩처럼 둥근 하나의 심장이 그 이면에는 좌우로 나뉘어져 음양의 반대작용이 일어나고 있는 것입니다.

인체의 혈관계(blood vascular system) 전체를 놓고 보았을 때도 동일한 원리가 적용됩니다.

전체 혈관계를 태극으로 보았을 때 동맥계(動脈系)에서는 상승(上升)하며, 정맥계(靜脈系)에서는 하강(下降)하면서 하나 속의 음과 양을 보여주고 있습니다.

마음은 어디에 있을까?

심장에 마음이 있다고 합니다.
그러나 마음은 심장에 있지 않습니다.
그러면 마음은 도대체 어디에 있는 걸까요? 마음이 어디에 있느냐는 단지 비유할 수 있을 뿐입니다. 가령 이런 예를 생각해 봅시다.
몹시 무더운 날씨입니다. 당신은 몸이 더운 것을 느꼈습니다. 하지만 덥다고 느낀 것이 당신의 '마음이다'고는 할 수 없습니다. 당신의 피부와 살의 신경이 받아들이고 뇌에 전달한 것을 인식한 것뿐입니다.
그런데 바로 그 순간, 당신이 덥다고 느끼는 바로 그 순간에(동시에) 시원해지고 싶은 마음이 일어납니다. 그러면 당신은 부채나 선풍기나 에어컨을 틀 것입니다.
지금 3단계의 변화가 이루어졌습니다.

1단계(상황 인식) : 덥다 ⇒ 온도를 감지 ⇒ 더운 것을 인식한다.
2단계(상황을 역전시키려는 의지) : 시원해지고 싶은 마음이 일어난다.
3단계(상황을 역전시킨다) : 부채, 선풍기, 에어컨 등을 통해 시원하게 만든다.

여기서 2단계를 주시하십시오.

마음은 항상 인식된 상황을 극복하려는 순간의 반발력에 의해 일어납니다.

또 다른 예로 도둑질을 한다고 합시다.

남의 물건을 훔칠 때 훔치는 것이 나쁘다는 것을 모른다면 마음[良心]은 일어나지 않습니다. 그렇지만 도둑질을 하면 '나쁘다'는 반대의 힘이 생기는 순간 마음은 불쑥 나타납니다.

이때 반대의 힘이 강하면 도둑질을 안 할 것이고, 그래도 괜찮다는 힘이 강하면 도둑질을 할 것입니다.

여기서 우리는 마음이 자기 모습을 드러내는 자리를 알 수 있습니다. 마음은 어떤 상황이 일어나서 인식될 때 그 상황을 해결하려

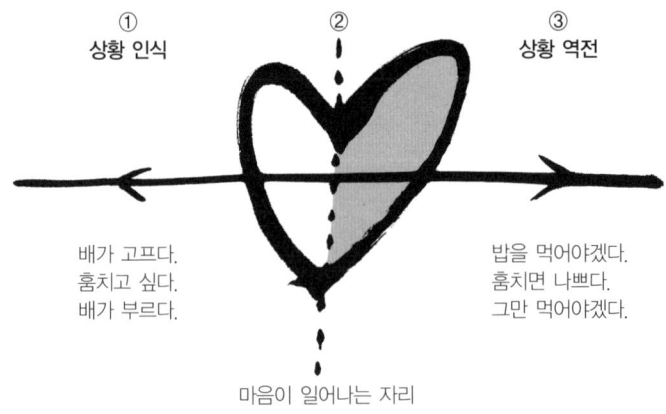

②를 태극(太極) 상황이라 한다면
①은 무극(無極) 상황이라 할 수 있고,
③은 마음이 현실화되는 황극(皇極) 상황이라 할 수 있습니다.

는 반대의 힘이 팽팽하게 작용할 때 일어납니다. 즉 없었던 마음이 일어나는 것은 음양(陰陽)의 두 힘이 반대로 작용할 때입니다.

사실 마음이란 없습니다.
마음은 아무 형태도 없고 만질 수도 없습니다.
단지 음양의 두 힘이 팽팽하게 줄다리기를 할 때 그 줄의 무게중심이 바로 당신의 마음입니다.

마음이란 형체도 실체도 없지만 내가 어딘가로 기울 때 그 기우는 것을 잡아서 똑바로 세워주려는 중심 자리입니다. 그래서 괴롭거나 기쁘고 슬플 때, 혹은 갈등이 일어날 때는 중심(中心)을 유지하기 위해 항상 마음이 일어나는 것입니다.

마음은 두 힘이 대립될 때 뜬구름처럼 일어납니다.

이처럼 인간의 정신에는 중심이 존재합니다.

우리는 그 중심을 마음이라고 하며 동양은 이 마음을 중앙의 태극(中央之太極)이라고 하는 것입니다.

형체 없는 마음이 인체의 한 장기(臟器)에 위치한다고 할 때 물질적 실체로서 추상(抽象)될 수 있는 것이 바로 심장입니다.

심장은 그 형태가 태극을 상징하는 콩과 같은 모습이고 음양이 공존하는 것을 잘 보여줍니다. 그런데 심장은 인체의 정중앙에 있지 않고 왼쪽으로 치우쳐 있습니다.

이로 인해 우리는 갈등하게 되고, 한쪽으로 치우친 사심(私心)의 함정에 빠져 허덕이는지도 모릅니다.

만 가지 법(法)은 하나로 돌아간다

법(法)이란 물(水)이 흘러가는(去) 것을 말합니다.

물이 높은 곳에서 낮은 곳으로 흘러가는 것은 자연의 이치이며, 그 이치는 어린아이도 알고 있습니다.

따라서 법이란 어린아이도 수긍할 수 있는 쉽고도 바른 말씀이어야 하며, 자연의 이치에서 벗어나서도 안 됩니다. 물은 수많은 산과 계곡에서 발원하여 흐르고 흘러 내를 이루고 강을 이루며, 마침내 하나인 바다에 다다르게 됩니다.

여기, 하나인 바다는 만법(萬法)이 귀일(歸一)되어 모두가 하나가 되는 무차별의 세계입니다.

바다 전체가 거대한 한 방울의 물인 것입니다.

불가(佛家)의 지혜를 빌려 이야기한다면, 색계(色界)란 눈에 실제로 보이는 구별의 세계입니다. 구별의 세계에서는 그 무엇도 같은 것이 없습니다. 구별의 세계에서는 판단이 필요하며 시비(是非)가 끊이지 않습니다.

그러나 하나로 돌아오면 시비를 떠나게 됩니다. 한 바다의 평화 속으로 들어가는 것입니다.

사람 역시 마찬가지입니다.

지구 상의 수십억 인구 중에 나와 똑같은 사람은 없습니다. 그리고 그 수십억의 인구는 제각기 자기의 주장을 펼치게 됩니다.

모두가 자기의 욕망을 채우려 하고 자기만 내세운다면 세상은 어찌되겠습니까? 혼란과 시비의 아수라장이 될 것입니다.

그래서 법이 필요한 것입니다. 그 법을 통해 인간의 마음 깊이 들어 있는 본성을 찾아낼 수 있습니다. 본성이란, 인간의 마음속에 착함을 좋아하는 마음(好善之心)과 악함을 미워하는 마음(惡惡之心)*이 태극을 이루고 있는 한 마음입니다.

산과 계곡의 상류에서 발원한 물이 내를 이루고 강을 이룹니다. 그 과정에서 바위를 만나 물길을 돌리고 급류에 바삐 흐르다가 때로는 폭포가 되어 떨어지기도 합니다. 마침내 물은 고요한 큰 흐름을 만나 한 바다에 이르듯 인간 역시 젊은 날의 욕망과 갈등의 급류를 경험하고서야 고요한 평화인 한 마음으로 통일됩니다. 인간의 본성으로 돌아오는 것입니다.

그래서 부처는 '깨달음의 바다로 들어오면 귀하고 천함이 없이 하나가 된다.'고 이야기했습니다.

둘이 아닌 문(不二門)을 지나 하나가 되는 바다는 북방 일태극수(北方 一太極水)로서 공(空)의 바다를 말하는 것입니다.

---

* 호선지심(好善之心)은 이목구비(耳目口鼻)의 상생(相生)으로 일어나고, 오악지심(惡惡之心)은 폐비간신(肺脾肝腎)의 상극(相克)으로 일어납니다.

음양의 일원성

이제 하나 속에 음과 양이 동시에 합쳐 있다는 사실을 정리해 봅시다.

우리가 관찰할 수 있는 각각의 대상은 개체로서 홀로 존재하고 있는 하나의 우주입니다. 이러한 하나의 우주는 벌판에 외로이 솟아 있는 언덕처럼 홀로 존재하지만, 언덕이 양달과 응달을 동시에 품고 있듯 그 이면에는 음과 양의 반대되는 성질을 함께 가지고 있습니다. 이러한 성질을 음양의 일원성이라고 합니다.

짝이 있는 우주에서 관찰된 음양의 상대성과 마찬가지로 음양의 일원성은 삼라만상 어디에나 적용되는 이치입니다.

동양의 학문을 공부하는 것은 삼라만상의 실제 모습을 보고 거기에 숨어 있는 성질을 뽑아내 정리할 수 있는 능력을 키우는 과정입니다. 몇 가지 예로써 음양의 일원성을 설명하기엔 지면이 부족합니다. 여러분 각자가 이런 이치를 통해 사물을 관찰한다면 침묵만 하고 있는 듯한 자연이 쉴 새 없이 자신의 이야기를 하고 있다는 것을 깨닫게 될 것입니다.

셋. 밝혀지는 우주

우리는 '짝이 있는 우주'와 '홀로 있는 우주'를 통해 삼라만상은 음과 양으로 이루어져 있다는 사실을 깨달았습니다. 그러나 그 사실은 존재의 단면만을 나타낼 뿐 살아서 역동하는 우주의 실체를 알기에는 부족합니다.

우리가 살고 있는 우주는 그 자체가 끊임없이 변화하며 살아 있는 생명체입니다.

이러한 생명력은 어디에서 나오는 것일까요? 그것은 바로 시간입니다. 빛이 언덕을 비춤으로 응달과 양달이 생기는데 그 응달과 양달은 시간의 흐름에 따라 늘어나기도 하고 줄어들기도 합니다. 해가 동에서 서로 넘어감에 따라 언덕에는 변화가 생기며, 변화가 생김으로써 생명을 가지게 되는 우주의 본모습을 보여주고 있는 것입니다.

이처럼 언덕이라는 공간에 시간이 합쳐져 생명력이 탄생하게 되는데, 여기 '밝혀지는 우주'에서 그 생명력의 편차를 정확하게 파악하여 음인지 양인지를 결정해 봅시다.

결정되어야 할 음과 양

남자는 양이고 여자는 음입니다.
동물은 양이고 식물은 음입니다.
해는 양이고 달은 음입니다.

이것은 모두가 수긍할 수 있는 분류입니다.
그런데 의문이 생기지 않습니까?
우리는 음양의 일원성을 통해 각 개체는 스스로 음과 양이 일대일이 되어 존재한다고 배웠습니다. 그렇다면 어떤 이유로 여자를 음이라 하고 남자를 양이라 할 수 있는 걸까요?

이제부터 음과 양으로 결정되어 자신의 본모습을 드러내는 과정을 알아봅시다.

누가 주인인가

내 집에 친구가 찾아왔습니다. 친구와 함께 방에 앉아 이야기를 나눕니다. 그리고 간단한 음식을 차려서 친구를 대접합니다.

나와 친구는 동등한 관계지만 우리 집에서는 내가 주인이 되고 친구가 손님이 됩니다. 거꾸로 친구의 집에 놀러갔을 때는 반대의 입장이 됩니다. 친구가 주인이 되고 내가 손님이 되는 것입니다. 나와 친구는 항상 일대일의 관계이지만 상황에 따라 주인과 손님의 역할이 바뀌게 됩니다.

이런 상황을 음인가, 양인가 하는 결정 방법에 응용하면 아주 쉬워집니다. 음과 양 역시 항상 일대일로 맞물려 있으면서 음이 주인이 되어 양을 주도하거나 양이 주인이 되어 음을 주도하는 두 가지 상황을 연출하기 때문입니다.

자! 음적인 성향이 주인이 되어 양을 주도하면 음이라 하고, 양적인 성향이 주인이 되어 음을 주도하면 양이라 한다는 시각으로부터 출발합시다.

다시 남녀를 생각해 봅시다.

여자는 집을 꾸려나가며 아이를 낳고 정적(靜的)인 생활을 합니다. 여자의 내면에는 음과 양이 일대일로 들어 있지만 여자의 주인은 음입니다. 반면에 남자는 밖에서 일하고 돈을 벌어 가족을 부양합니다. 밖으로 돌며 동적(動的)입니다. 남자의 내면에 음과 양이 일대일로 들어 있지만 남자의 주인은 양입니다. '남자는 양이고 여자는 음이다.'는 사실이 더욱 확연해지지 않습니까?

또 다른 예를 들어봅시다. 태양계는 태양을 중심으로 그 주위를 도는 8개의 행성과 행성 주위를 도는 40여 개의 위성, 수많은 소행성 등으로 이루어져 있습니다.

앞에서 스스로 빛나는 별은 성(星)이라 하고,

빛나지 않는 별은 신(辰)이라 했습니다.

성(星)은 양이 주도하므로 양(陽)이며,

신(辰)은 음이 주도하므로 음(陰)이 되는 것입니다.

그러므로 태양계에서 태양은 양이 되며 나머지 별들은 음이 됩

태양계의 陰과 陽
속은 양이고 겉은 음입니다.

니다. 그런데 음인 나머지 별들을 잘 살펴보면 또다시 그들 스스로 음양의 짝을 이루고 있습니다. 즉 8개의 행성은 양인 주체가 되고, 그 8개의 행성을 도는 위성은 음이 되어 양을 감싸고 있습니다. 따라서 지구를 중심으로 볼 때 지구는 태양에 대해서는 음이 되고, 달에 대해서는 양이 됩니다.

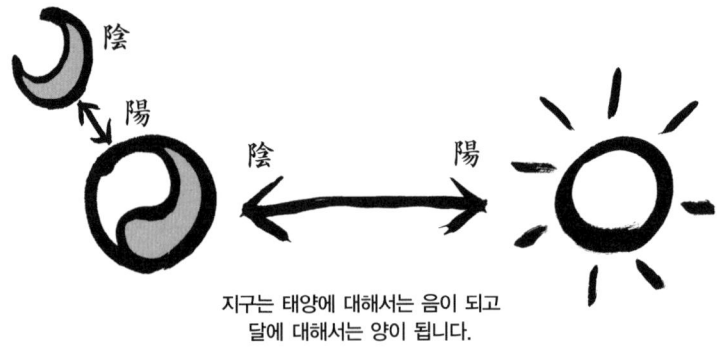

지구는 태양에 대해서는 음이 되고
달에 대해서는 양이 됩니다.

그 결과 지구는 현실적으로 이상적인 음양의 조화가 이루어집니다. 지상에는 음인 어머니 달이 지구를 품고, 양인 아버지 태양의 힘을 받아 생물이 탄생합니다. 그래서 생물 중에는 어머니인 달을 닮은 딸로서 식물이 있으며, 아버지인 해를 닮은 아들로서 동물이 있는 것입니다. 그리하여 지상의 모든 생물은 일월(日月)의 자식이 되어 그 대(代)를 이어가고 있는 것입니다.

배우고 생각하지 않으면

보다 다양한 예를 들어 알아 볼까요? 아래에서 주인과 손님을 찾아보세요.

낮과 밤	남자와 여자	추위와 더위
위와 아래	선과 악	나아감과 물러섬
물과 불	정신과 육체	진보와 보수
시간과 공간	연역과 귀납	과거와 미래
색과 공	팽창과 수축	삶과 죽음
들숨과 날숨	작용과 반작용	물질과 에너지

이들은 모두 서로 상대적인 개념입니다.

자! 낮의 주인은 양입니까, 음입니까? 혹은 수축의 주인은 양입니까, 음입니까?

공자께서 이런 말씀을 하셨습니다.

  學而不思卽罔 思而不學卽殆   학이불사즉망 사이불학즉태
배우고 생각지 않으면 어둡고, 생각하고 배우지 않으면 위태롭다.

⚌ 六坎水(坎卦)
역(易)에서 복희팔괘 중 여섯 번째 괘(卦)로서 겉은 음으로 되어 있고, 속은 양을 숨기고 있는 모습입니다. 그림으로 나타내면 다음과 같습니다.

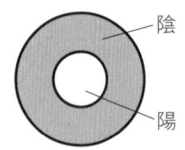

대표적인 상징으로 물을 듭니다.

여러분이 이 책을 보고 생각을 하지 않으면 모두 쓸모가 없다는 말입니다. 동양의 공부는 생각하고 또 생각하여 하나하나 스스로 깨우쳐 가는 과정이기 때문입니다.

위의 예에서 물과 불만 봅시다.
물은 양이 주인입니까, 음이 주인입니까?
불은 양이 주인입니까, 음이 주인입니까?

물은 역(易)에서 ⚌ 모양으로 표현합니다.
음과 양이 주인과 손님으로 같이 있습니다.
불은 역에서 ☲ 이렇게 그립니다.

⚌ 三離火(離卦)
역(易)에서 복희팔괘 중 세 번째 괘(卦)로서 겉은 양이고 속은 음이 숨었는데, 속이 겉을 잡아당기고 있는 모습입니다.

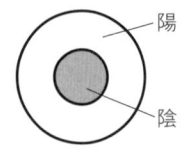

대표적인 상징으로 불을 듭니다.

역시 음과 양이 주인과 손님으로 공존합니다.
물은 현재 음이 주인이지만 시간의 흐름에 따라 손님과 주인이 바뀔 것을 예고하고, 불 역시 양이 주인이지만 시간의 흐름에 따라 자기의 모습이 바뀔 것을 내포하고 있습니다.

이와 같이 삼라만상은 항상 음과 양이 일대일로 맞물려 있고 음과 양이 각각 주인과 손님이 되어 존재하고 있습니다. 또한 손님과 주인의 입장은 시간의 흐름에 따라 끊임없이 바뀐다는 것을 잊지 말아야 합니다.

다시 말하면 물속에 불이 들어 있고, 불속에 물이 들어 있다는 것입니다. 물질 속에 에너지가 들어 있고, 에너지 속에 물질이 들어 있습니다.

> 정확히 표현한다면 물질과 에너지는 동(動; 에너지)과 정(靜; 물질)일 따름입니다.

삶 속에 죽음이 들어 있고 죽음 속에 삶이 들어 있는 것입니다.

단지 주인과 손님의 문제일 뿐입니다.

삶의 주인은 삶이며 삶의 손님은 죽음입니다.

죽음의 주인은 죽음이며 죽음의 손님은 삶입니다.

깊이 생각해 봅시다.

주인과 손님은 바뀐다

　시간의 흐름 속에서 볼 때 절대적인 음과 절대적인 양은 존재하지 않습니다. 그러므로 주인과 손님은 바뀔 수밖에 없습니다.
　시간이 흐름에 따라 입장이 바뀌는 지구의 상황을 봅시다.
　봄과 여름 동안은 낮이 길어 태양이 지구를 주도하므로 지구의 주인은 양(陽)이 되고, 음(陰)은 손님입니다.
　그리고 가을과 겨울 동안은 밤이 길어져 달이 지구를 주도하므로 지구의 주인은 음이 되고, 양은 손님이 됩니다.
　하루를 놓고 보더라도 주인과 손님이 뒤바뀝니다.
　낮에는 태양이, 밤에는 달이 지구의 주인이 됩니다.

　그러나 작은 원은 큰 원 속에서 큰 원의 지배를 받습니다. 즉, 하루의 주인과 손님은 일 년의 주인과 손님 속에 들어 있습니다.

　'봄, 여름의 저녁때'를 예로 들면, 저녁이기 때문에 달의 음 기운이 주인이 되지만, 더 큰 1년의 세계 속에서는 태양의 양 기운이 큰 주인이 되고, 그 자식들인 하루의 음양(陰陽)이 반복되고 있는 것입니다.

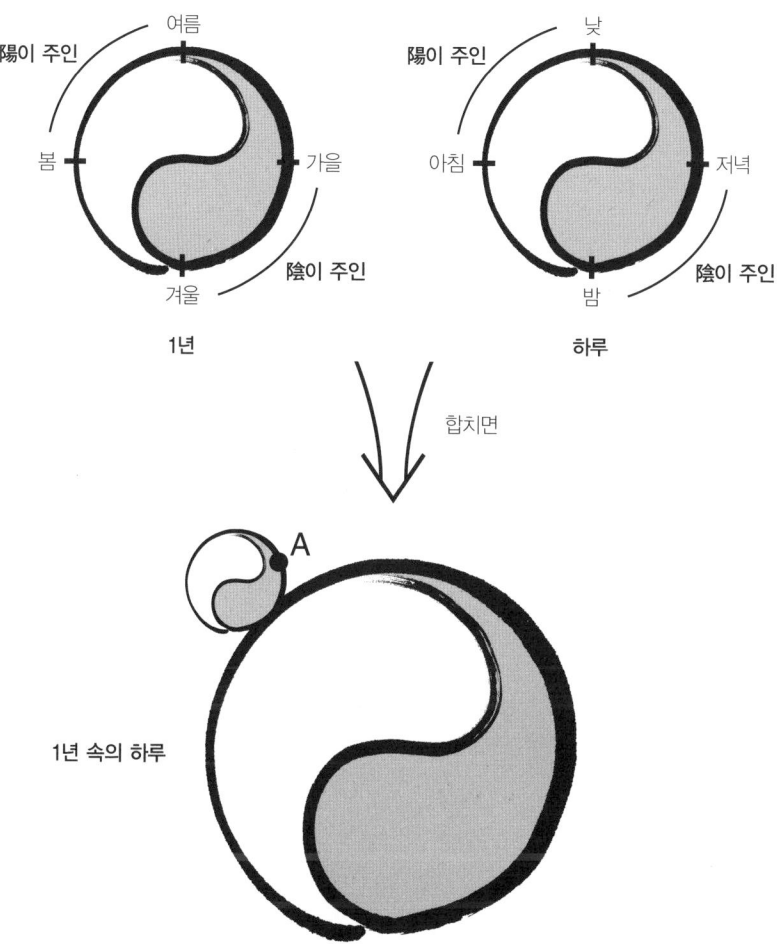

점 A는 여름의 저녁때로서, 비유하자면
2대가 사는 집안에 아버지가 집안의 주인 노릇을 하고 있는데,
자식 부부는 며느리가 부부간의 주도권을 쥐고 있는 것과 같습니다.

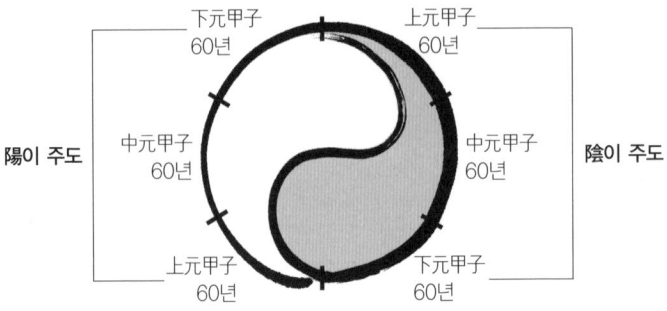

태양계의 시간에는 더 큰 주기가 있습니다.
바로 360년의 주기입니다.

그러나 지구의 입장에서 해와 달을 통틀어 생각해 볼 때 절대적인 주인과 손님은 없습니다. 하지만 태양과 같은 양이 주인이 되고 달과 같은 음이 손님이 됩니다.
왜냐하면 양은 알맹이고 음은 껍데기이기 때문입니다.
물론 여기서 알맹이와 껍데기의 음양은 남녀의 음양을 말하는 것은 아닙니다. 남자도 순양(純陽)이 아니고, 여자도 순음(純陰)이 아니기 때문입니다.

이 세상의 모든 존재는 음양이 혼융되어 일대일의 힘을 유지하지만, 때와 장소에 따라 누가 주도하느냐에 따라 주인이 바뀌는 점을 명심해야 합니다.

소심(笑蕈)과 흙탕물

주인과 손님이 파악되면, 음양의 이치를 실생활에 응용할 수 있어야 합니다. 음과 양은 서로 보완적인 관계로 한쪽이 지나치면 다른 쪽의 도움을 받아 평정의 조화(造化)를 이룰 수 있기 때문입니다.

조선 시대에 펴낸 패관 문학서인 《대동야승(大東野乘)》에 나오는 글을 봅시다.

유월 유둣날(음력 유월 보름),
부녀자들이 단속사(斷俗寺)로 떼 지어 물 맞으러 갔다가 점심이 되어 밥을 지었는데, 누군가가 따온 버섯으로 국을 끓여 함께 먹었습니다. 식사를 마치자 모두들 웃음이 나기 시작하는데 게걸게걸 웃다가 부둥켜안고 뒹굴면서 웃고, 온종일 웃음이 멎지 않았습니다.

그 절의 노승이 그걸 보시고는 단풍나무 고목에서 돋아난 '소심'이라는 버섯을 먹은 것이 분명하다 하시고는 어떤 약을 달여 주셨는데 그 약을 먹자마자 당장에 웃음이 멈추었습니다. 그 약은 다름이 아니라 비 온 뒤에 산길 발자국에 괴어 있는 흙탕물을 떠다가 달인 것이었습니다.

부녀자들의 웃음을 멎게 한 노승은 이렇게 말했습니다.

"이 산에서 병을 얻었다면 그 병을 낫게 하는 약도 반드시 이 산의 어딘가에 있다는 것이 천지조화의 섭리이다."

노승의 말을 다시 한 번 생각해 보십시오.
"이 산에서 병을 얻었다면 그 병을 낫게 하는 약도 반드시 이 산의 어딘가에 있다."

빛이 있으면 어둠이 있습니다. 그런데 그 어둠은 바로 빛이 있는 반대편에 있습니다.

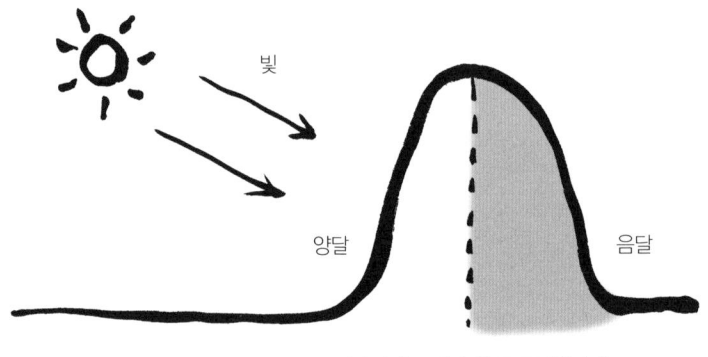

정반대되는 힘이 항상 공존합니다.

위의 단순한 그림은 우리에게 아주 중대한 것을 가르쳐주고 있습니다. 양이 있으면 그 양에 정반대되는 음의 힘이 바로 등 뒤에 있다는 것입니다.

잘 생각해 보십시오.

소심(笑蕈)이라는 버섯이 우리나라 어느 산야(山野) 어떤 곳의 단풍나무 고목에서라도 다 자라고 있다면 노승의 말은 틀린 것입니다. 그런데 소심이라는 버섯이 그 산 일대에만 자라는 특이한 버섯이라면 노승의 말은 정확한 것입니다.

가령 어떤 산이 다른 산과 구별되는 독특한 정기(精氣)를 가지고 있다면, 그리고 그 독특한 정기를 양이라고 한다면(음이라고 해도 상관없습니다). 그 독특한 양 기운과 정반대되는 음의 기운이 반드시 그 산 어디엔가 있게 마련입니다.

노승은 비 온 뒤에 생긴 산길의 발자국에 고인 흙탕물을 달여 먹이고 부녀자들의 병을 치료했습니다. 산에 비가 오면 산 곳곳에 스며 있는 정기가 빗물에 녹아 고이게 마련인 것입니다. 즉 노승이 달여 먹인 흙탕물은 그 산의 독특한 양기(陽氣)―혹은 음기(陰氣)―가 녹아 있는 약수(藥水)인 것입니다.

만일, 소심이라는 버섯이 그 산만의 독특한 특산물이라면 흙탕물과 같은 종류의 기운을 가졌거나, 아니면 정반대의 음기―혹은 양기―를 가졌을 것입니다.

같은 종류의 기운이었다면 웃는 병은 더 심해졌을 것이고, 정반대의 기운이었다면 병이 나을 것입니다.

웃음이 즉시 그친 것으로 보아 소심이라는 버섯은 분명 그 산의 특산물이 틀림없으며, 노승은 혜안(慧眼)을 가진 명의(名醫)였던 것입니다.

여기서 우리는 중요한 또 한 가지 사실을 기억해야 합니다.
산(山)이라는 환경과 그 산에 서식하는 식물의 관계입니다.
환경이 양의 에너지라면, 그 환경에 서식하는 식물은 정반대의 음의 에너지를 가지고 있다는 것을 잊지 맙시다.

식물과 동물

기립지물(氣立之物)이란 '기(氣)에 의해 세워지는 것'으로 식물을 말하고, 신기지물(神機之物)이란 '몸에 정신이 있는 것'으로 동물을 말합니다.

동물과 식물을 비교할 때 동물은 스스로 움직일 수 있는 능동적 성격이 있어 그 주인을 양(陽)이라 하고, 식물은 스스로 움직일 수 없는 수동적 성격이 있어 그 주인을 음(陰)이라 할 수 있습니다.

신기지물
스스로 움직이는 자율적인 존재

기립지물
외부의 변화에 의탁하는 타율적인 존재

이제 동물과 식물을 통해 음과 양의 이치를 밝혀 봅시다.

먼저 식물을 봅시다.

식물이 살 수 있는 3대 조건은 물, 토양, 햇빛입니다.

식물은 땅에 뿌리를 박고 살고 있으며, 한 번 뿌리내린 곳에서 평생을 삽니다. 이러한 상황에서는 목이 말라도 다른 곳으로 이동할 수 없습니다. 식물은 항상 적당한 수분과 적당한 햇볕이 내리쬐기를 바랄 수밖에 없습니다. 식물의 이러한 상황을 《내경(內經)》에서는 이렇게 말하고 있습니다.

根於外者를 命曰氣立이니 氣止卽化絶이라.
근어외자   명왈기립   기지즉화절

생명의 근원이 외기(外氣)에 의해 지배되는 것을 기립이라 하는데, 외기의 공급이 중단되면 죽는다.

근(根)*이란 생명의 근원을 뜻하는 것으로, 생명의 근원이 외부에 있다는 말은 식물의 목숨이 전적으로 햇빛과 기후 조건에 의해 지배된다는 것을 의미합니다.

그래서 외기(外氣)에 의해 살아가고 있는 식물을 일컬어 '기립지물'이라 하는 것입니다.

다음으로 동물을 봅시다.

동물은 식물이 전혀 가지고 있지 않은 능력이 있는데, 스스로 움직여 장소를 이동할 수 있다는 것입니다.

그러므로 동물은 목이 마르면 물가로 가서 목을 축이고 햇볕이 뜨거우면 그늘로 들어갈 수도 있습니다. 기후가 나빠지면 보다 좋은 조건의 장소로 옮기기도 합니다. 동물의 이러한 상황을 《내경》에서는 이렇게 설명하고 있습니다.

---

* '근(根)'은 나무[木]에 생명력이 있는 부위[艮]를 지칭하는 말입니다. 여기서 '간(艮)'은 주역(周易)의 칠간산(七艮山(☶卦))을 의미하는 것으로 방위로는 동북방이고 시간상으로는 약 새벽 3시에 해당합니다. 어두운 곳에 갇혀 있던 생명의 양기(陽氣)가 대지를 뚫고 일어나기 직전의 시간이며 장소입니다.(文王八卦 참조)

根於中者를 命曰神機*니 神去卽機息이라.
근어중자　　명왈신기　　신거즉기식

생명의 근원이 몸속에 있는 것을 신기라 하는데, 정신이 육체를 떠나면 죽는다.

근어중(根於中)이란 생명의 근원이 몸 가운데 있다는 말로서, 인간이나 동물은 정신[神]이 몸[機] 속에 있어 스스로 판단하는 능력이 내재되어 있으며 목숨 역시 외부에 큰 영향을 받지 않습니다. 그래서 정신(精神)에 의해 살아가는 동물을 일컬어 '신기지물'이라 하는 것입니다.

이처럼 기립지물인 식물은 기(氣)에 의해 살아가며,
신기지물인 동물은 정신을 통해 스스로의 운(運)에 의해 살아가고 있는 것입니다.

그런데 재미있는 점이 있습니다. 기립지물의 경우 자연의 질서에 절대적으로 순응하며 환경에 지배되어 환경과 음양의 짝을 이룬다는 것입니다. 이러한 경향은 하등식물에서 더욱 두드러집니다. 신기지물 역시 하등동물에서는 이러한 경향이 더러 나타나는데, 고등동물로 진화할수록 환경의 지배에서 벗어나고 환경과 음

---

* '기(機)'의 '幾'는 '조짐'을 의미하고 '木'은 형체를 이루고 있는 유형의 물질을 의미합니다. 따라서 '기(機)'는 유형의 물질[陰] 속에 무형의 에너지[陽]가 감추어진 것을 표현한 글자입니다. 즉 '기(機)'는 조짐이 현실로 형상화되어 세상에 드러난 것입니다.

'기립지물'은 자기가 살고 있는 독특한 환경과 반대되는 성질을 가지고 있습니다. 이런 사실은 그곳에 사는 '신기지물'에게 큰 도움이 됩니다. 스스로 음양의 짝을 이루고 있는 신기지물은 환경을 극복하기 위해 주변에 있는 기립지물을 섭취하기만 하면 되기 때문입니다. '신토불이(身土不二)'는 이러한 원리를 바탕으로 합니다.

양의 짝을 이루지 않습니다. 즉 고등동물이 되면 자기의 운(運)이 강해지는데, 운이 강하면 강할수록 환경을 초월하게 되며, 자기 내부에 독자적인 음과 양을 형성해 스스로 소우주가 되어 균형을 이루는 것입니다.

선인장은 사막의 건조한 기후에 적응하기 위해 잎마저 가시 형태로 바꾸어 수분을 증발시키지 않으려고 최대한 노력합니다. 그렇게 외부 환경인 기후가 건조(乾燥)한 만큼 자신은 반대로 수분을 많이 함유하여 다습(多濕)한 상태를 유지하고 있습니다. 즉 식물은 외기(外氣)가 조(燥)하면 자신은 습(濕)해져 환경과 음양의 짝을 이루는 것입니다.

그런데 곰을 보세요. 바깥에 눈이 내리고 먹이를 구하기 어렵게 되자 아예 굴속에 들어가 겨울잠을 자 버립니다. 이는 외기에 지배되지 않는 모습입니다. 고등동물이 될수록 자기 스스로 음양의 균형을 가지고 있다는 것은 '항상성(homeostasis)'의 개념으로도 설명할 수 있습니다. 동물이 생리적 항상성을 유지하는 것 자체가 음양의 조화이며 태극체(太

極體)의 완성을 이루는 것입니다. 그래서 동물의 진화 과정에서 변온동물에 비해 항온동물이 고등한 것을 알 수 있습니다.

서양의 자연과학에서는 생물 시계의 개념을 확립하여 연구 중인데, 기립지물과 신기지물의 이치에 밝다면 생물 시계의 개념을 소상히 밝힐 수 있을 것입니다.

실제로 생물의 내부에는 시계가 없습니다.

정확히 표현하면 대우주 자체가 거대한 시계입니다.

지구 상의 생물을 설명하기 위해서는 태양계라는 소우주의 시계로도 충분합니다. 태양계 역시 하나의 시계이기 때문입니다.

기립지물은 해와 달의 외기에 의해 지배되므로 당연히 태양계의 시간적 순환에 완전히 적응합니다.

신기지물 역시 자기의 운이 약한 하등동물은 이러한 태양계의 시간적 순환에 큰 영향을 받습니다.

그러나 점점 고등동물이 될수록 자기 스스로의 강한 운(運)*을 가지게 되며, 환경과 짝을 이루지 않고 자신의 독자적인 음양 사이클을 유지합니다. 결국 생물 중 가장 고등한 인간은 다른 생물에 비해 태양 시계의 영향을 크게 받지 않습니다. 인간은 삼라만상 중 자기의 운이 가장 강하기 때문입니다. 운이 강하다는 것은 충양(充陽)이 많이 되어 생명력이 강한 것을 뜻하는데, 그 생명력을 바탕으로 대자연의 질서를 위배할 수 있는 자율성을 가지게 됩니다. 즉, 인간이 교만해질 수 있는 바탕이 되는 것입니다. 인간이 가장 강한 자율성을 획득해서 스스로 이상적인 소우주를 이루는 순간, 대우주의 질서에서 멀어질 수 있는 이율배반적 상황이 생기는 것입니다.

이는 진화의 아이러니가 아닐 수 없습니다. 그래서 동양에서는 인간에게 교만을 버리고 대우주의 질서에 순응하라고 가르칩니다. 인간이 이상적인 소우주라 할지라도 천지의 소산임을 잊어서는 안 된다는 것입니다.

우리는 '기립(氣立)을 통한 타율(他律)', '신기(神機)를 통한 자율(自律)'의 의미를 배웠습니다. 타율의 주인은 음이며 자율의 주인은 양이라는 것을 알게 되었습니다.

---

* '운(運)'이란 오행(五行)에서 나온 것으로 오행이 변화해 가는 모습이 자율적으로 나타나게 될 때 쓰는 말입니다. 즉 생명을 가진 존재는 자율(스스로의 律)의 힘이 내재되어 있는 것입니다. 자율의 힘이 가장 강한 것은 대우주이며, 그 다음은 인간입니다. 점차 하등동식물로 갈수록 자율의 힘이 떨어지고 환경에 의지하는 타율적 존재가 됩니다.

버섯과 선인장

사막에 잠시 가 보겠습니다.

영화나 텔레비전에서 보았다시피 사막에는 선인장이 있습니다. 그런데 사막이 원산지인 선인장을 자세히 들여다보면 표면이 몹시 건조(乾燥)합니다. 가시로 변한 잎은 거의 물기가 없어 보입니다. 그렇게 건조해 보이는 선인장을 칼로 잘라 보면 속에는 물기가 몹시 많습니다. 같은 예로 알로에 역시 마찬가지입니다. 알로에 역시 겉은 무척 건조한 데 반하여, 속은 물기가 많아 무척 습(濕)합니다.

우리는 이제 주인과 손님이 있다는 사실을 잘 알고 있습니다.

선인장과 알로에의 조습(燥濕)에 있어서 조(燥)가 주인입니까, 습(濕)이 주인입니까?

이번에는 산속의 그늘지고 축축한 곳에서 자라는 버섯을 생각해 봅시다. 버섯을 손으로 따서 만져보면 말로 표현하기 어려울 정도로 촉촉하고 부드럽습니다. 그런데 이 버섯을 집으로 가져와서 하루 정도 놓아두면 바싹 말라 딱딱하고 가벼워집니다.

그러면 선인장과 버섯을 비교해 봅시다.

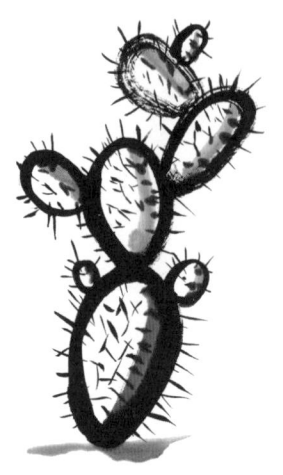 

선인장은 표면이 건조하고
속은 다습(多濕)합니다.

버섯은 겉이 축축하지만
속에 숨기고 있는 성질은
건조한 힘을 지니고 있습니다.

    선인장이나 알로에는 표면이 무척 건조하고 속은 무척 습합니다. 반대로 버섯은 겉은 몹시 축축하지만 속에 숨기고 있는 성질은 물기를 쉽게 말려 버리는 건조한 힘을 지니고 있습니다.
    앞에서 이야기했듯이 여기까지는 세상의 모든 존재들은 대립되는 두 개의 힘으로 팽팽하게 자신의 몸을 유지하고 있다는 것에 틀림이 없습니다.

    그럼, 이제 선인장이나 알로에에 대해 다시 한 번 생각해 봅시다. 왜 선인장은 겉은 건조하고 속은 물기가 가득할까요?

이유는 아주 간단합니다.

선인장이나 알로에는 수천수만 년 이상을 몹시 건조하고 더운 사막 지방에서 살아남기 위해 몸부림쳤을 것입니다. 그 결과 간혹 비라도 오면 주변의 빗물을 얼른 빨아들여 최대한 몸에 간직해 두기 위해 힘겹게 노력했을 것입니다. 더운 낮이면 뜨거운 태양으로부터 물기와 영양분을 빼앗기지 않기 위해 얼마나 사투했겠습니까? 그러한 노력의 결과 겉은 바싹 말라 있고 속에는 습기를 가득 담고 있는 모습으로 진화한 것입니다. 즉 표면의 건조함은 속의 습기를 보호하기 위한 일종의 자기 방어 장치인 것입니다.

표면의 건조함과 속의 축축한 습기는 정확히 일대일의 힘으로 팽팽하게 맞서고 있지만, 사실 주인은 속의 축축한 습기이고 표면의 건조함은 습기를 보호하기 위해 동원된 손님일 따름입니다.

기억하십시오. 선인장이나 알로에는 무척 습기가 많은 존재입니다. 그 이유는 자신이 살아왔던 환경이 몹시 건조했기 때문입니다. 이처럼 건조한 곳에 사는 식물은 습해야 살아남습니다.

부평초(개구리 밥)는 물 위에 떠서 살아갑니다. 물 위에서도 살아갈 수 있다는 것은 그 성질이 얼마나 조(燥)한지를 짐작할 수 있게 합니다. 부평은 물에 의해 썩지 않기 위해 자신의 수분을 끊임없이 배출시키는 데 골몰합니다. 부평을 약으로 썼을 때 인체의 수분을 몰아내는 데(發汗利水) 능한 것은 당연한 이치입니다.

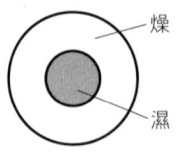
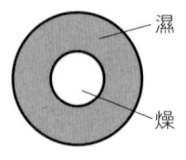

선인장
습이 주인입니다.

버섯
조가 주인입니다.

이와 반대의 경우가 바로 버섯입니다. 버섯이 자라는 환경을 보면 몹시 습합니다.

습한 환경에서 살아남고, 그곳에서 진화한 버섯이 습기를 말리는 힘이 강하지 못했다면 썩어서 없어졌을 겁니다. 버섯을 만지면 촉촉한 느낌이 들지만, 그 본성은 무척 건조한 것입니다. 이제 버섯이 가지고 있는 조습(燥濕)의 주인과 손님을 알 수 있겠습니까?

버섯의 주인은 조(燥)이며 손님은 습(濕)입니다.
선인장은 외조내습(外燥內濕)하며 버섯은 외습내조(外濕內燥)합니다.

만약 여러분이 사막을 횡단하다가 땀을 몹시 흘려 갈증이 심하다면 선인장을 잘라먹으면 됩니다.
마찬가지로 산속에서 비를 만나 흠뻑 젖어 습사(濕邪)가 차서 몸이 붓기까지 한다면 버섯을 따서 국을 끓여 먹으면 됩니다.

　사막에서 생긴 병은 그것을 치료하는 약이 사막에 있고, 음습한 산속에서 생긴 병은 그 약이 산속에 있습니다.
　자연이 숨기고 있는 놀라운 비밀을 풀 수 있겠지요?

살찌는 체질과 마른 체질

　알로에는 건조하고 온도가 높은 환경에서 살아남기 위해 자신의 에너지를 최소한 적게 소모해 가두어 두는 능력이 뛰어난 식물입니다. 자연히 그 성질은 차고[寒] 습(濕)합니다.
　사람의 몸이 뚱뚱한 것도 많이 먹어서 뚱뚱한 것은 아닙니다. 똑같은 음식을 먹어도 남보다 더 뚱뚱하다는 것은 그 영양분을 에너지화(化) 시키는 힘이 부족하고, 오히려 저장하기를 좋아하는 힘이 많은 체질을 의미합니다.

　알로에는 에너지를 저장하는 것을 좋아하고, 뚱뚱한 사람도 그러한 특성을 가지고 있습니다.
　만약 뚱뚱한 사람이 알로에를 장복(長服)하면 어떻게 될까요?
　몸은 더욱더 무거워지고 저장시키는 힘이 지나쳐서 또 다른 병을 일으킬 수도 있는 것입니다. 또 몸이 냉(冷)하면서 물이 고이는 관절염 같은 병에도 해롭습니다.
　알로에의 효능을 음양의 시각에서 볼 때 몸이 마르고 열이 많은 사람에게는 좋은 약이 될 수 있습니다. 또 이러한 사람이 열이 많

＊ 알로에는 성질이 차고 맛이 쓰다. 열을 끄고 살충(殺蟲)한다. 간을 시원하게 하며 눈을 밝게 한다(凉肝明目). 마음을 진정시키고 가슴이 답답한 것을 없애준다(鎭心除煩). 비위가 약한 사람에게는 금한다.

이 나는 염증성 질환이나 화병(火病)인 급성 눈병, 열(熱)로 인한 변비, 내부 장기의 열이 피부로 뿜어져 피부병이 번질 경우 등에도 놀라운 효과를 발휘합니다.

산삼은 명당에 나는 영약(靈藥)

인삼이나 산삼은 햇빛과 바람을 싫어합니다. 그리고 우리나라에서 나는 것을 최고의 명품으로 칩니다. 그런데 이 두 가지 조건만 가지고도 삼(參)이 어떤 약인지를 알 수 있습니다.

먼저 햇빛과 바람을 싫어한다는 것이 무엇을 의미하는지 알아봅시다.

우선 빛이라는 것은 모든 것을 세상에 드러내게 하는 특징을 가지고 있습니다. 그런데 인삼은 햇빛을 싫어합니다.

실제로 인삼을 햇빛에 내놓으면 몇 시간 지나지 않아 잎이 축 늘

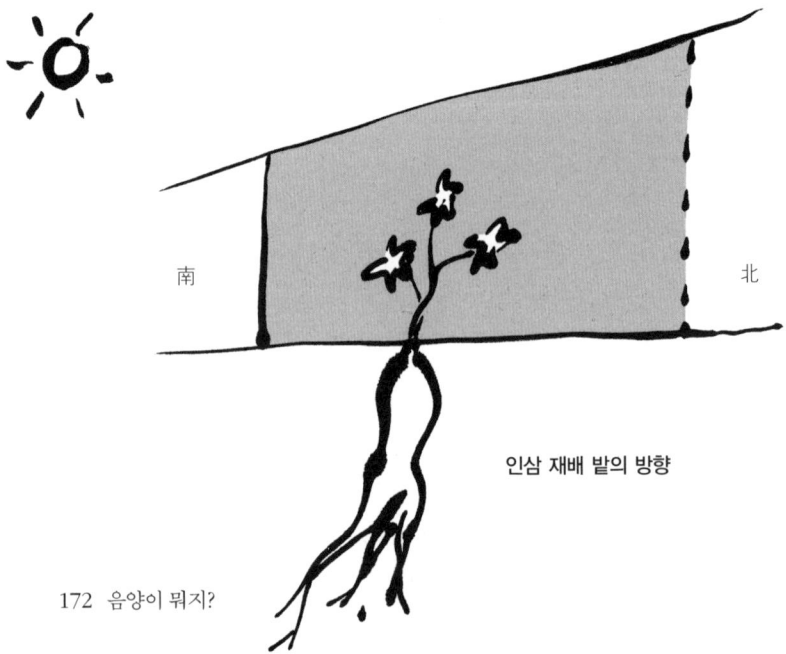

인삼 재배 밭의 방향

어지고 시드는 것을 쉽게 볼 수 있습니다.

즉 인삼은 자신을 노출하여 세상에 드러내고 싶은 마음이 간절한 친구입니다. 그래서 햇빛에 자신을 노출하자마자 뿌리 깊숙이 간직되었던 자신의 양기(陽氣; 生命力)를 다 뿜어 올리고는 이내 시들어 버리고 맙니다. 몇 시간 지나지 않아서 잎이 시들어 버릴 정도라면 얼마나 성질이 급한지 알 수 있지 않습니까?

그러니 햇빛이 많이 내비치는 곳에서 인삼이 살아남을 수 있겠습니까? 사실 인삼이나 산삼은 햇빛을 싫어하는 것이 아니라, 햇빛에 노출되면 살아남을 수 없습니다. 그래서 햇빛이 비치지 않는 그늘지고 어두운 곳에 떨어진 씨만이 살아남는 것입니다.

그렇다면 이렇게 급하고도 강력한 양기는 도대체 어디에서 오는 것일까요?

인삼이나 산삼은 한국에서 나는 것을 명품으로 치며 우리나라의 산에서 자라야 약효가 제대로 납니다.

대한민국!

숱한 영욕(榮辱)의 세월을 묵묵히 지내 온 이 땅을 동양에서는 간방(艮方; 東北方)이라 하여, 마치 음택(陰宅)과 같은 명당(明堂)의 땅으로 칩니다.

음택은 사람으로 치면 생식 기관과 같습니다.

생식 기관은 생명의 힘이 약동하는 자리입니다.

한반도는 비록 구석에 있지만 생명의 힘이 농축된 자리입니다.
구석에 있지 않으면 생명의 힘이 농축되지도 않고 저장할 수도 없습니다.
생명의 힘[陽氣]이 가장 많은 곳이 구석진 곳에 있는 것은 세상의 이치입니다.

땅으로 본다면 땅에서 가장 구석진 자리는 산(山)입니다. 그래서 동양의 수많은 선철(先哲)들이 도(道)를 닦기 위해 들을 버리고 산으로 숨어 들어간 것입니다. 산에서 생명의 기운을 축적하여 다시 중생들이 사는 곳으로 돌아올 때까지는 참으로 오랜 고통과 인내, 그리고 시간이 필요했던 것입니다.

그래서 산을 《주역(周易)》에서는 간(艮; ☶)이라 하여 침실과 같은 명당으로 동북방(東北方)에 배속시킵니다.
조금 어려운 이야기지만 여기서 말하는 간산(艮山)의 의미는 우리나라처럼 높지 않고 비교적 완만하고 노후된 산입니다. 히말라야 산 같은 험준한 산을 의미하는 것이 아니며, 일본의 산처럼 화산(火山)을 의미하는 것은 더욱 아닙니다.
간산이란, 마그마의 활동이 끝나고 정지되어 양기(陽氣)가 산 표면을 가득 채우고 정지해 숨어 있는 산의 모습입니다.

陽氣가 정지해 있다.
(늙은 산)
한국의 산(艮 ☶)

陽氣가 활동한다.
(젊은 산)
일본의 산(☳ 혹은 ☴)

陽氣가 산 곳곳에 펼쳐져 웅장한 산
(늙지도 젊지도 않다.)
히말라야 산(☰)

우리나라의 산은 양기를 산자락에 정지시키고 잘 갈무리하고 있는 산입니다. 이런 산자락에서, 그것도 햇빛도 잘 들지 않는 구석진 곳에서 갈무리된 생명력(生命力; 陽氣)을 빨아먹고 자라는 것이 한국의 인삼이며 산삼인 것입니다.

산은 양기를 갈무리하려 하고, 그런 곳에서 자라는 인삼이나 산삼은 그 양기를 빨아들여 분출하고 펼치려 합니다. 그 강한 생명력의 양기를 내부에 꾹꾹 누르기 위해 바람이 불지 않고 햇빛이 잘 들지 않는 곳에서 자라며, 그런 환경 때문에 때를 기다리며 간신히 참고 있는 것이 바로 우리나라의 인삼 혹은 산삼입니다.

인삼과 산삼은 생명력인 양기를 이 세상에서 가장 많이 갖고 있는 영약(靈藥)입니다.

☴ (巽卦) : 화산이 터지고 난 후의 산.
☳ (震卦) : 화산이 터지기 전의 산.

이렇게 생명력을 많이 가진 인삼도 그 생명력을 펼치는 쪽으로 치우쳐 있는 약이기 때문에 생명력이 많이 고갈된 노인이라 할지라도 양기를 잘 갈무리하지 못하는 사람(특히 소양인)이 장복하면 해롭습니다.

약 좋다고 무조건 먹는 것은 독(毒)과 같습니다.

체질의 한(寒)과 열(熱)

열대의 야자수를 북극에 심거나 눈 덮인 시베리아 타이거 지대의 침엽수를 적도로 옮겨 심으면 죽어 버립니다. 식물은 환경에 절대적으로 영향을 받으며 살아가는 기립지물(氣立之物)이기 때문입니다.

그러면 신기지물(神機之物)의 수장(首長)인 인간은 어떻습니까?

얼음의 땅인 알래스카에는 에스키모가, 뜨거운 열대지방에는 흑인이, 그리고 열사의 사막에는 아랍인이 열악한 환경을 극복하며 살아가고 있습니다.

자신의 운(運)을 통해 환경을 이겨낼 수 있는 것이 신기지물(神機之物)의 특징이며, 인간은 자신의 운이 가장 강합니다. 그러므로 환경과 음양의 짝을 이루는 것이 아니고 자기 스스로 내부에서 음양의 짝을 이루는 힘이 강한 것입니다.

그러한 인간의 내부에 있는 한열(寒熱)의 짝을 관찰해 봅시다.

사상의학(四象醫學)*으로 볼 때, 한(寒)과 열(熱)은 인간의 네 가지

---

* 사상의학은 19세기 말 우리나라에서 탄생한 독창적인 의학 체계로서 사람을 태음인(太陰人), 소음인(少陰人), 태양인(太陽人), 소양인(少陽人)의 네 가지 체질로 분류해 치료합니다. 동무(東武) 이제마(李濟馬) 선생이 창안했습니다.

체질 중 소음인(少陰人)과 소양인(少陽人)에게서 잘 관찰됩니다.

먼저 소음인인 경우에는, 속이 차가워지는 위수한이한병(胃受寒裡寒病)이 잘 생기며, 겉은 뜨거워져 신수열표열병(腎受熱表熱病)이 잘 생기게 됩니다.

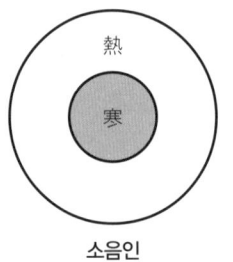 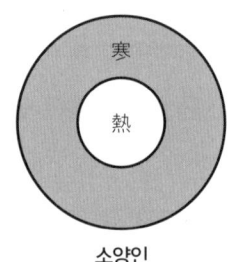

쉽게 말하면 속은 차가워 이한(裡寒)하고,
겉은 뜨거워 표열(表熱)하다는 것입니다.

속이 차가워질수록 겉은 뜨거워져 일대일을 이루려는 것이 음양의 이치이기 때문입니다.

여기서도 주인과 손님을 찾아봅시다.

소음인에게 있어 한과 열은 누가 주인이고 손님일까요?

한이 주인이고 열이 손님입니다.

소양인 역시 마찬가지입니다.

소양인은 속이 뜨거워지는 위수열이열병(胃受熱裡熱病)에 잘 걸리며, 겉이 차가워지는 비수한표한병(脾受寒表寒病)에 잘 걸리게 됩니다.

속이 뜨거워 이열(裡熱)이 잘 생기고,

겉이 차가워져 표한(表寒)이 잘 생긴다는 것인데, 역시 같은 이치가 적용됩니다.

소양인에게 있어서는 열이 주인이고 한이 손님이 되는 것입니다.

당신의 주인은?

　사상의학은 우리 민족의 자랑스러운 유산이며, 앞으로 다양한 시도를 통해 발전시켜 나가야 합니다.
　사상의학에서는 태양인(太陽人), 태음인(太陰人), 소양인(少陽人), 소음인(少陰人)의 네 가지 체질이 있다고 보는데, 한열조습(寒熱燥濕) 네 가지 성질만 가지고도 음양의 해석을 할 수 있습니다.
　사람에게는 누구나 한열조습의 성질이 모두 섞여 있습니다. 그러나 병이 발생하면 이 네 가지 성질 중 어느 한쪽으로 쉽게 치우치게 되는데, 이를 사상의학의 체질적 경향을 통해 분류하면 질병 치료에 도움을 줄 수 있습니다.
　그림을 보고 간단히 설명하겠습니다.
　자! 주인과 손님을 갈라 보십시오. 주인은 다 알맹이입니다.

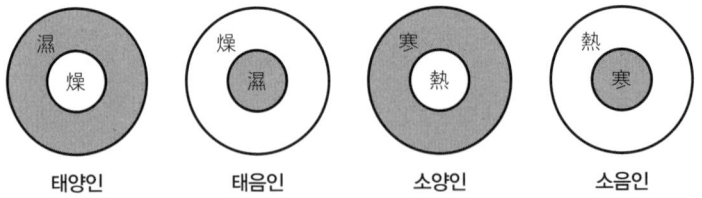

태양인(太陽人)은 주인이 조(燥)이고 손님이 습(濕)이기 때문에 성격이 조급하게 전진하는 경향이 있습니다. 그리고 몸은 비교적 마르기 쉬운 편입니다.

태음인(太陰人)은 주인이 습(濕)이고 손님이 조(燥)이기 때문에 밖으로 내놓기보다는 끌어 모으는 형이라서 자신의 마음을 드러내지 않고 숨기는 경향이 있고 몸은 비교적 뚱뚱해지기 쉽습니다.

소양인(少陽人)은 열(熱)이 주인이고 한(寒)이 손님이기 때문에 주로 폭발하며 타오르는 성격의 일면이 있습니다.

소음인(少陰人)은 한(寒)이 주인이고 열(熱)이 손님이기 때문에 자신을 꼭 눌러 놓고 완벽함을 추구하기 쉬우며 한번 결정하면 변함없이 지조를 지키는 경향이 많습니다.

녹용(鹿茸)의 효능

사슴의 어린 뿔인 녹용(鹿茸)의 효능을 알아보기 위한 방법으로는 여러 가지가 있습니다. 여기서는 우리가 배운 음양(陰陽)만 가지고 녹용의 효능을 추적해 봅시다.

세상의 수많은 동물들의 뿔 중에서 뿔 속에 피가 흐르고 있는 것은 사슴의 어린 뿔인 녹용 외에는 없습니다. 물론 나중에 사슴의 늙은 뿔은 피가 다 빠지고 뼈 조직만 남은 녹각(鹿角)이 됩니다.

이런 특징에서 출발하여 피와 뼈의 음양(陰陽)과 주객(主客)을 파악한다면, 녹용의 기본적인 효능을 쉽게 알 수 있습니다.

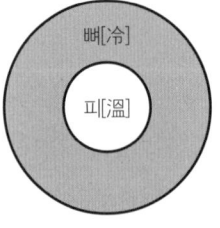 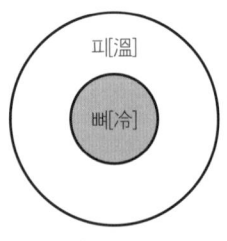

[그림 1] 뼈의 조혈 기능   [그림 2] 온몸을 도는 피

뼈와 피의 일반적인 성질을 고려한다면,
뼈는 딱딱하고 굳어 있는 음(陰)입니다[冷].
반면에 피는 부드럽고 움직이는 양(陽)입니다[溫].

[그림 1]에서 음인 뼈는 힘을 안으로 모아 양을 압박합니다. 그 결과 양은 눌리면 눌릴수록 반발하게 됩니다.
끝내는 피가 [그림 2] 처럼 탈출하고 맙니다.

뼈와 피의 관계를 조습(燥濕)으로 놓고 바꾸어 보면 다음 그림과 같습니다.

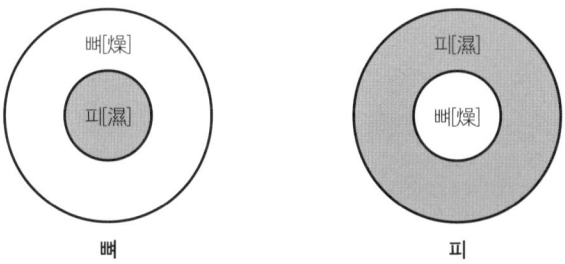

뼈는 딱딱한 음으로 냉(冷)하면서 조(燥)합니다.
피는 흘러가는 양으로 따뜻하면서(溫) 습(濕)합니다.
이곳에는 조습(燥濕)과 한열(寒熱)이 섞여 있는데, 조습과 한열 중 무엇을 주인으로 보아야 할까요?

조습이란 어떤 존재의 상태를 의미하고, 한열이란 어떤 존재의 활동을 의미합니다.

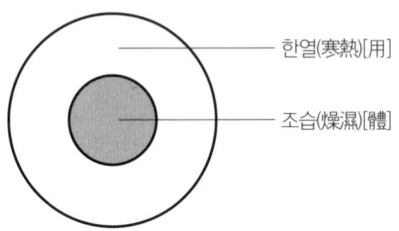

이제 다시 사슴을 보십시오.

뼈는 몸속에 있어 압박을 받으며, 그 압박에 반발하여 피를 만들어 내는 것인데, 뼈가 속에 있지 않고 머리를 뚫고 밖으로 돌출해 나와 있는 것이 바로 녹용입니다.

결론적으로 말해 녹용이란 안에 있는 양의 힘이 너무 강력하여 머리를 뚫고 외부로 돌출해 나온 것입니다.

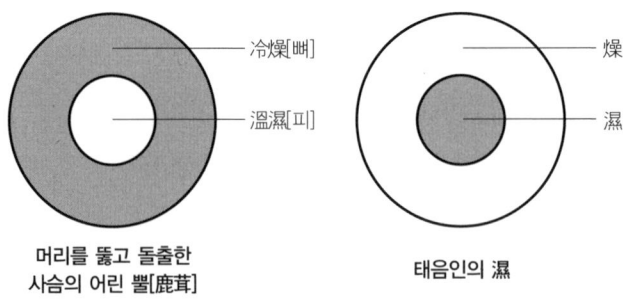

본래 습(濕)이란 가두어 두고 내놓기를 싫어하는 성질을 가지고 있는데, 사슴의 어린 뿔은 습하고 따뜻한[溫] 피가 조(燥)한 뼈를 이끌고 머리 밖으로 돌출해 나오는 과정을 나타내는 형세입니다.

그래서 녹용을 주로 태음인(太陰人)의 겉이 냉(冷)하면서 습(濕)한 병(표한증; 表寒症)에 복용케 하여 한습(寒濕)을 몰아내는 데 쓰는 것입니다.

녹용이 계속 자라면 피가 빠지고 각질화(角質化)되어 딱딱해집니다. 이는 어린 사슴뿔이 단순히 피를 활성화하는 데 그치는 것이 아니라, 뼛속의 조혈(造血) 기능 및 양(陽)적인 에너지가 그 어떤 동물보다도 강력하고 힘차다는 것을 의미합니다.

녹용은 주로 몸이 냉한 태음인을 위해 혈액과 호르몬(hormone) 등을 조성하도록 해주며, 골다공증처럼 내부에 양기는 빠지고 껍질만 남은 노인들의 뼈를 활성화시키는 데 중요한 역할을 합니다.

그 외에 뼈에 양적인 생명력이 부족해 생기는 디스크(HIVD; 추간판 탈출증)나 강력한 피의 용솟음으로 이루어지는 남성 성기(性器)의 발기부전에도 좋

녹용(鹿茸)이 알맹이라면, 녹각(鹿角)은 껍데기입니다. 알맹이가 다 빠지고 나면 딱딱한 뼈 조직의 껍데기가 남는 것입니다.

습니다. 그러나 갑작스런 충격으로 생긴 디스크나 몸이 조(燥)하기 쉬운 태양인이나, 몸이 뜨거운 소양인 등이 장복하면 해롭게 될 소지가 많습니다.

약(藥)을 보는 법

우리가 매일 먹는 음식은 인체에 무리를 주지 않고 생활에 활력을 주는 에너지원이 됩니다.

그래서 음식은 중화(中和)의 성격이 강해 그 기운이 편급(偏急)되지 않고 부드럽습니다. 반면에 약은 성질이 한쪽으로 쏠려 있는 것으로 그 기운이 편급되고 사납습니다.

우리의 몸은 평소에 나름대로 음과 양의 균형이 잘 잡혀 있다가 발병(發病)하게 되면 음의 힘이 너무 세져 양이 지탱하기 어려워지거나 양의 힘이 너무 세져 음이 지탱하기 어려운 지경이 됩니다.

그러한 상황에서 우리는 약을 먹게 됩니다.

그러므로 자연히 약의 성질은 편급된 것을 선택하게 되는 것입니다.

병의 주인이 양이면 약의 주인은 음이 됩니다.
병의 주인이 음이면 약의 주인은 양이 됩니다.

무릇 약이란 타고난 성질이 한쪽으로 치우쳐 있는 것을 취하는 것인데, 이것을 이용하여 병자의 음양(陰陽)을 바로잡는 것입니다. 이런 까닭에 약의 성질이 한쪽으로 치우치지 않은 것은 하나도 없습니다. 서회계(徐洄溪)는 말했습니다.
'약을 쓰는 것은 어느 때는 기(氣)를 취하기도 하고 혹은 맛[味]을 취하기도 하고 색(色), 형(形), 질(質), 성정(性情)을 취하기도 한다. 또 그 약이 땅위로 자라나는 때를 통해 그 약의 치우친 성격을 풀어내 쓰기도 하고, 혹은 산지의 특성을 보고 약의 효능을 미루어 짐작하여 쓰기도 한다.' (凡用藥取其稟賦之偏 以救人陰陽之偏勝也 是故藥物之性無有不偏者 徐洄溪曰 藥之用 或取其氣 或取其味 或取其色 或取其形 或取其質 或取其性情 或取其所生之時 或取其所成之地) '本經疏證' 중에서

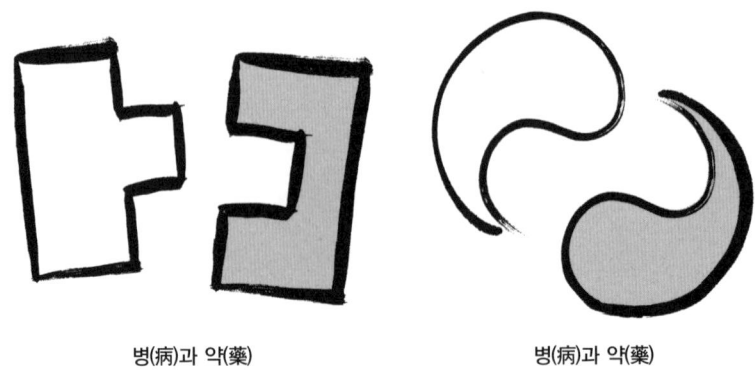

병(病)과 약(藥)　　　　　병(病)과 약(藥)

　　몇 가지 약의 예를 통해 주인의 힘이 숨어 있는 곳을 찾아봅시다. 먼저 거북을 살펴봅시다.

　　거북은 두껍고 딱딱한 껍데기를 싸고서 느리게 움직이며 생활합니다. 이놈은 보호 본능이 강합니까, 공격 본능이 강합니까?
　　거북은 보호 본능이 주인입니다. 그 생김새 역시 ☷와 같지 않습니까?
　　거북은 음(陰)이 주인이며, 음이 많이 숨어 있는 껍데기가 거북의 성질을 대변합니다. 그래서 한의학에서는 거북의 껍데기(배딱지; 龜板)*를 약으로 씁니다.

　　마찬가지로 전복을 생각해 봅시다. 민간에서는 전복의 속을 빼

＊ 거북의 배딱지[龜板]
성질은 차고 아주 음(陰)하다(至陰). 신장을 유익하게 하고(益腎), 음을 촉촉이 적신다(滋陰). 피가 부족한 것을 보충하고 허리와 다리의 시린 통증을 치료한다.

서 죽을 끓여 먹는데 한의학에서는 껍데기를 약으로 씁니다.

전복은 공격 본능이 강합니까, 보호 본능이 강합니까?

전복과 유사한 조개를 생각해 보세요. 조개가 공격한다는 말을 들어본 적이 있습니까?

형태적으로 두꺼운 갑각으로 싸여 있는 것들은 이미 그 모습에서 음성적(陰性的)인 것을 느낄 수 있습니다. 전복의 주인은 음이며 껍데기 속에 숨어 있습니다. 그래서 한의학에서는 속을 쓰지 않고 껍데기를 석결명(石決明)이라 하여 약으로 쓰고 있는 것입니다.

예로부터 약(藥)은 독(毒)이라 했습니다. 음식과 약을 나누는 기본 조건으로 음식은 그 기운이 온화하며 성질 역시 한쪽으로 심하게 치우치지 않아서 계속 섭취해도 해(害)가 되지 않습니다. 반면 약은 인체의 부족한 것은 메워 주고 남는 것은 없애버리는 편급(偏急)된 성질을 띠고 있습니다. 그래서 약의 성질이 한쪽으로 치우치면 치우칠수록 강한 효과를 나타냅니다. 그러나 좋은 약도 많이 먹으면 독(毒)이 될 수도 있는 것입니다.

여러분이 잘 알고 있는 산삼을 봅시다.

산삼은 백 년 넘게 생명력을 모으고 있습니다.

산삼의 줄기 윗부분은 해마다 시들고 이듬해 봄에 다시 납니다. 산삼의 잎을 먹어야 합니까, 줄기를 먹어야 합니까, 뿌리를 먹어야 합니까?

당연히 생명력을 저장하고 있는 뿌리를 먹어야 합니다.

산삼의 주인공은 뿌리 속에 숨어 있는 것입니다.

한의학의 고유한 약물학을 본초학(本草學)이라고 합니다. 본초학은 대상 약물을 하나의 소우주로 파악하여 그 약물의 본성을 음양오행의 원리를 바탕으로 형(形), 색(色), 기(氣), 미(味) 등 다양한 방법을 통해 밝혀내고 있습니다. 여기서 주인과 손님을 이용하여 약의 개념을 설명하는 것은 가장 기초적인 접근법에 불과합니다. 또한 최근에 성분 분석을 통해 한약을 이해하려는 시도는 형색기미(形色氣味) 중 미(味)에만 국한하여 연구하는 것과 같습니다.

녹용도 살펴봅시다. 사슴이 가지고 있는 두드러진 특징은 그 뿔에 있습니다. 짐승의 뿔 중에 사슴의 어린 뿔에만 유일하게 피가 흐르고 있습니다. 사슴은 동물이면서 그 뿔이 해마다 새싹처럼 돋아나고, 다 자란 뿔은 각축전(角逐戰)을 벌인 다음 낙엽처럼 떨어집니다. 다음 해가 되면 싹이 돋듯 다시 올라옵니다.

사슴의 어린 뿔은 상승(木; 上升)을 의미하며, 상승하는 힘이 사슴의 개성(identity)을 대표하는 것입니다.

사슴의 주인은 어린 뿔 속에 자신의 상승하는 힘을 가득 담고 있는 것입니다.

호랑이도 양이 주인이고 음이 손님입니다.

호랑이가 꼬리를 내리고 도망간다는 것을 상상할 수 있습니까? 호랑이의 앞발에 맞으면 소도 목뼈가 부러진다고 합니다. 그래서 호경골(虎脛骨; 범 정강이뼈)*을 약으로 쓰는 것입니다.

주인이란 이와 같습니다. 어떤 개체의 성질을 결정하는 것은 그 이면에 숨어 있는 손님과 주인 중

---

* 호경골은 풍(風)을 쫓고(追風) 뼈를 튼튼하게 한다(健骨). 팔다리가 구부러져 잘 펴지지 않을 때 쓴다(治拘攣).

주인이 결정하는 것입니다.

　개체를 이끌고 주도하는 주인에 의해 그 개체의 운명은 결정되고 판단되는 것입니다.

　음과 양은 이면에서 일대일로 하나 속의 태극을 이루며 존재하고 있지만 누가 주도하느냐에 따라 주객(主客)이 나뉘는 것이 우주의 섭리입니다.

　삼라만상이 파노라마처럼 펼쳐진 현상계에서 그 이면에 있는 주객을 명확히 파악해야만이 비로소 우주의 본모습이 완전히 밝혀지는 것입니다.

진맥(診脈)이란?

약을 알고 나면 그 약을 병든 인체에 적용할 수 있어야 합니다.
병을 자물쇠라 하면,
약은 열쇠와도 같습니다.
정확한 진단만이 자물쇠에 맞는 열쇠를 찾을 수 있는 것입니다. 자물쇠에 맞는 열쇠를 찾아내는 한의학의 진단법 중 하나가 바로 진맥(診脈)입니다. 맥(脈)을 보는 곳은 세 곳입니다.

① 목의 동맥(動脈)
② 손목의 동맥(動脈)
③ 발목의 동맥(動脈)

공통점이 있지요?

그렇습니다. 모두 '목'입니다. '목'이란 두 기운이 마주치는 곳을 말합니다. '골목'과 '건널목'에서도 '목'이라는 말을 씁니다.

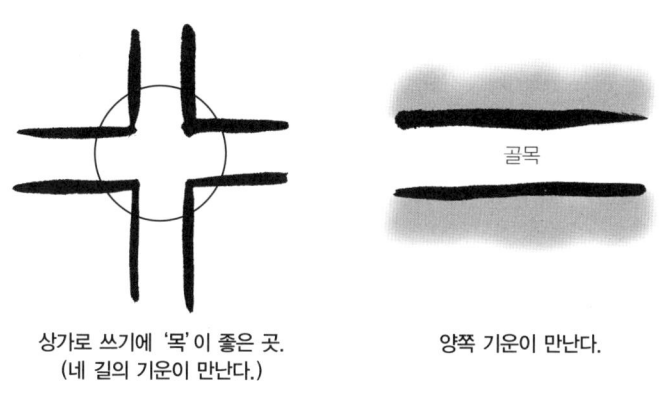

상가로 쓰기에 '목'이 좋은 곳.
(네 길의 기운이 만난다.)

양쪽 기운이 만난다.

맥(脈)도 이와 같습니다. 맥을 보는 곳은 인체에서 '목이 좋은 곳'입니다. 그런데 맥은 '목, 손목, 발목' 같이 골짜기처럼 좁은 곳을 선택하지 어깨나 엉덩이뼈처럼 넓은 곳을 선택하지 않습니다.

시냇물의 좁아지는 곳에 그물을 치면 가장 효율적으로 물고기를 잡을 수 있지 않을까요? 인체에서도 맥을 보는 부위가 이곳과 같은 곳입니다. 한의학에서 맥을 보고 병을 진단한다는 것은, 시냇가에서 고기를 잡는 것과 비슷하여 목이 좋은 곳에서 물살의 세기나 물의 양 등을 관찰하며 투망하는 것과 같습니다. 물이 좁아지는 여울

목을 지킴으로 시냇물 전체를 장악할 수 있듯이, 목이 좋은 곳에 손을 대고 맥을 보며 인체 전체의 에너지와 힘 혹은 기혈(氣血)의 정도를 파악하는 것이 바로 맥법(脈法)입니다.

한의사는 노련한 어부와 같습니다. 물살이 가장 센 곳과 조금 센 곳 그리고 약한 곳에 따라 그물을 조절하며, 물살이나 물의 양 혹은 잡히는 물고기 등으로 그 시냇가의 모든 성질을 일거에 파악하는 것입니다.

진맥(診脈; 맥을 진단하는 것)이란 한의학 진단법에 있어서도 가장 어려운 진단법 중 하나입니다.

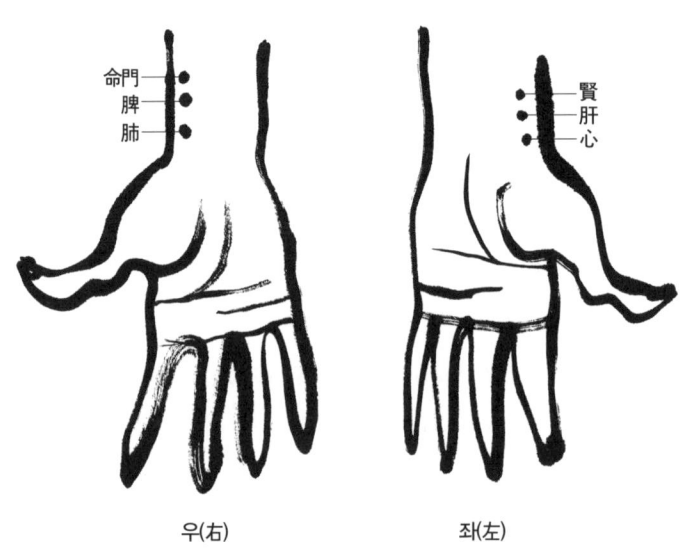

우(右)　　　　좌(左)

풍수지리(風水地理)와 명당(明堂)

음양의 이치를 확대하여 명당(明堂)의 의미를 살펴볼까요?

우리가 잘 알고 있는 명당에는 음택(陰宅)과 양택(陽宅)이 있습니다. 보통 음택은 죽어서 묻히는 무덤을 말하는 것이고, 양택은 살아서 거처하는 집을 말하는 것입니다. 요즘 사람들이 많이 살고 있는 아파트의 구조를 예로 들어 음택과 양택의 차이를 알아봅시다.

사실 한 아파트 안에도 명당이 있습니다.

한 집안에서 명당을 찾는다면, 딱 두 곳이 있습니다. 하나는 침실(서양식으로 볼 때)이고, 또 하나는 거실입니다.

먼저 침실의 조건을 이야기해 봅시다.

침실은 고요해야 합니다. 방음도 잘 되고 외부로부터 보호되어 안정감이 있어야 좋은 곳입니다. 물론 음습(陰濕)해서는 좋지 않겠지요. 낮에는 햇빛도

'침실'의 개념은 '지하실'과 다릅니다. 침실을 간(艮)이라 한다면, 지하실은 감(坎)이라 할 수 있습니다. 지하실은 북방(北方)의 음습한 곳입니다.

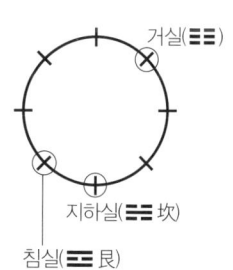

잘 들고 통풍도 잘 되며, 분위기는 온화하게 꾸미는 것이 좋을 것입니다. 그 외 몇 가지 더 좋은 환경을 설정할 수도 있습니다. 바로 이러한 침실과 같은 환경을 찾는 것이 음택인 명당 찾기와 다를 바가 없습니다.

이번에는 거실을 봅시다.

거실은 창문을 통해 햇빛이 잘 들어와서 어둡지 않아야 합니다. 그리고 분위기가 밝고 사방으로 툭 트여 전망이 넓으면서 가슴이 후련해야 좋습니다. 식구들이 모이기 쉬운 구조로 되어 있어야 하며 사시사철 분위기가 환한 것이 좋습니다. 바로 이 거실과 같은 환경을 찾는 것이 양택인 명당 찾기와 같습니다.

자! 생각해 봅시다. 명당 찾기에서 음택인 무덤은, 사람이 죽은 후에도 그 혼백(魂魄)은 살아 있다는 동양의 생사관(生死觀)에서 출발한 것입니다.

혼(魂)이란 영(靈 ; 神)의 집을 뜻하고,
백(魄)이란 육(肉 ; 身)의 집을 뜻합니다.

그중 육체가 묻혀서 생기는 백이 편안해야 그 후손도 편안하다는 생각에서 출발합니다. 즉 이 음택이란, 죽은 육신인 백이 잠을 자는 곳과 같기 때문에 침실과 같은 환경이 가장 좋습니다. 침실의 환경이 별로 좋지 않으면 잠을 편히 잘 수 없듯이 '백(魄)'도 편안치 못한 것입니다.

양택 명당인 주택자리 찾기도 마찬가지입니다. 살아 있는 사람이 거처하는 주택이란, 몸속의 신령(神靈)인 혼(魂)이 뛰노는 곳이기 때문에 거실과 같이 밝고 환한 기분이 드는 곳이 가장 좋은 곳입니다. 어떤 집에 문득 들어갔을 때 그 집에서 풍기는 느낌이 밝고 환한 기분이 들면 그 집이 바로 양택 명당입니다.

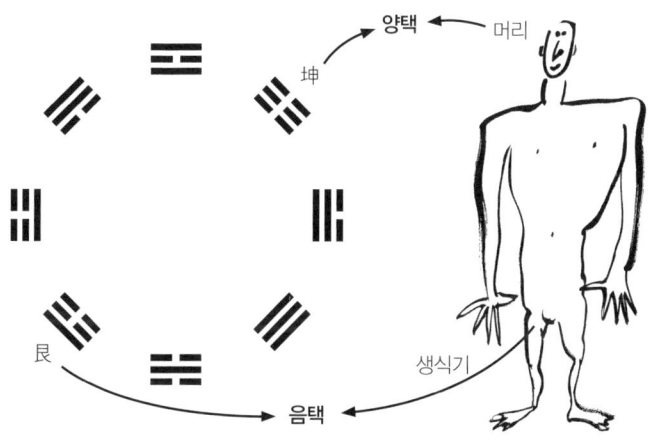

인체로 비유한다면 음택은 생식 기관과 같고, 양택은 머리와 같습니다. 조금 어려운 이야기이지만, 역(易)으로 볼 때 음택을 찾는 것은 간방(艮方; 東北方)을 찾아가는 것이고, 양택을 찾는 것은 곤방(坤

문왕팔괘를 보는 방향은 속에서 밖을 향하여 보는 것입니다.

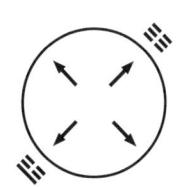

方; 西南方)을 찾아가는 것입니다.

  동양의 학문은 대강(大綱)에 맞추어 크게 벗어남이 없으면 됩니다. 무엇이든 지나치면 좋지 않듯 어려운 풍수지리에 의해 억지로 명당을 찾아가느니보다는 음택은 침실같이 아늑한 곳을, 양택은 거실처럼 환한 곳을 찾아가면 대과(大過)가 없을 것입니다.

명당(明堂)의 발복(發福)

좋은 명당이란 여자의 음부(陰部)와 같습니다.

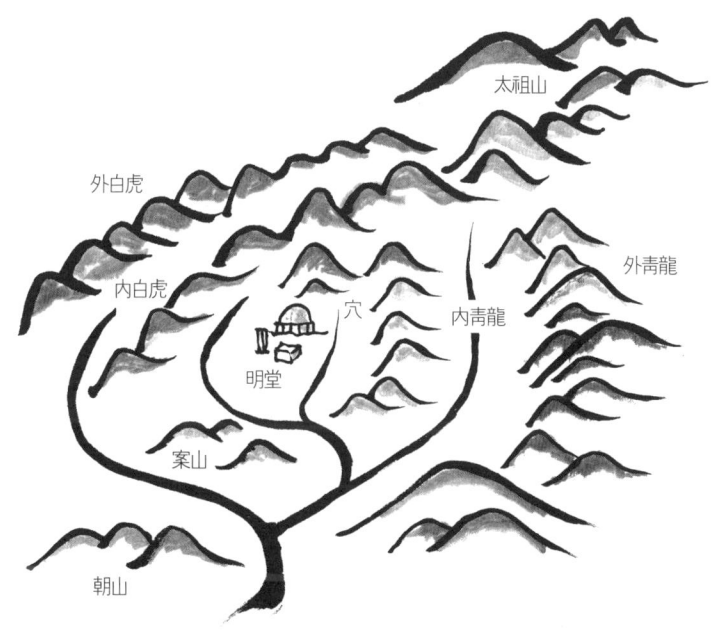

실제로 좋은 명당(明堂; 陰宅)을 찾는 것은 여자의 음부(陰部; 艮方)를 찾아가는 것과 같습니다. 그러면 왜 여자의 음부와 같은 곳을 명당이라고 했을까요?

다음 그림을 보십시오. 알다시피 하늘은 양이고, 땅은 음입니다.
그 가운데에 인간을 끼워 넣고 생각해 보십시오.

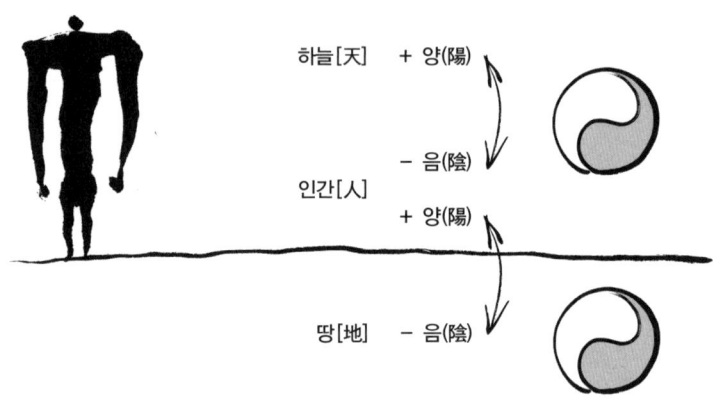

하늘이 양이라면 인간의 육체는 음이 됩니다.
그리고 땅이 음이라면 인간의 영혼은 양이 됩니다.
이처럼 인간은 음양의 혼성체입니다.

그럼 인간이 죽으면 어떻게 될까요?
당연히 음인 육체는 고향인 땅으로 돌아가고 양인 영혼은 고향인 하늘로 돌아갑니다.
이처럼 모든 존재는 음양의 혼성체입니다.
즉 영혼에도 음양이 있고, 육체에도 음양이 있는 것입니다.

영은 양이고 혼은 음입니다.
또 육(肉)은 음이고, 체(體)는 양입니다.

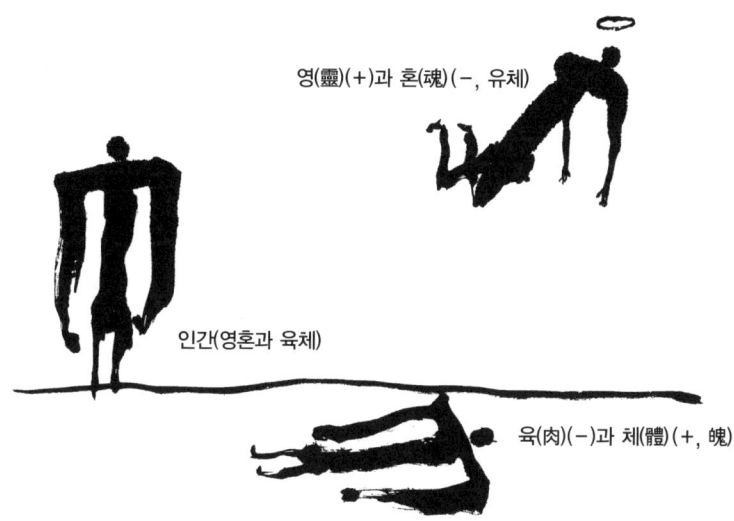

영혼의 음양에 대해서는 종교의 분야로 넘기고 여기서는 육체의 음양을 살펴봅시다.

육체의 음양에 대해 아는 것은, 명당 문제를 푸는 데 중요한 관건이 되기 때문에 정확하게 알아야 합니다.

먼저 육체에서 육(肉)이란 우리가 알고 있는 물질, 즉 유기 합성물을 의미합니다. 우리의 육체가 땅에 묻히면 육은 보통 땅에서 미생물들에 의해 해체됩니다. 그러나 흩어지지 않는 것이 있습니다.

바로 체(體)입니다.

체란 육이라는 유기물들의 합성체를 흩어지지 않게 하며, 하나의 모습을 이루어 유지하게 하려는 고도로 순화(純化)된 에너지의 덩어리입니다.

그래서 육을 음이라 하고 체를 양이라 하는 것입니다.

서양의 과학은 아직 이 체라고 불리는 실상에 대하여 잘 밝히지 못하고 있습니다.

그렇지만 동양에서는 이러한 체의 에너지 덩어리를 다른 말로 백(魄)이라고도 합니다. 이러한 사실을 알고 나면 동양의 세계를 이해하는 데 도움이 될 것입니다.

이제 혼백(魂魄)이라는 말이 무슨 뜻인지 아시겠죠?

자, 백(魄)은 양입니다!

사람이 죽으면 그 육체는 땅에 묻히게 됩니다.

땅에 묻힌 지 얼마 안 되어 곧 육체의 재료로 쓰인 유기 화합물인 육은 흩어지지만, 육체의 에너지 덩어리인 체는 흩어지지 않고 남습니다. 알다시피 체는 백(魄)이며 양입니다. 그런데 흩어지지 않고 남은 백(魄;陽)이 거(居)하는 자리가 바로 땅[陰]입니다.

이것이 의미하는 것이 무엇일까요?

이것이 바로 양백(陽魄)이 음지(陰地)와 교합(交合)하는 모습입니다. 바로 이때, 교합하는 음인 땅이 여자의 음부(陰部) 속 자궁(子宮)

처럼 아늑하고 포근하며 편안한 곳이라면 어떻게 될까요?

그렇습니다. 조화(造化)의 에너지가 일어납니다.

살아서 부모가 낳은 자손과 죽어서 부모가 땅을 교합하면서 자식처럼 일으킨 에너지는 동류(同類)의 기운입니다. 같은 기운(同氣)은 서로 감응(相感)하게 됩니다.

음택에서 좋은 기운이 일 때 '발복(發福)'이라고 하며, 이 기운이 자손에게 미친다고 하는 것이 풍수지리(風水地理) 원리 중 하나입니다.

그러나 아무리 좋은 명당이라도 모두 발복하는 것은 아닙니다. 그것은 마치 남녀가 교합하더라도 항상 임신되지는 않는 것과 같습니다. 남녀가 정신적으로 서로 아끼고 진정으로 사랑하며 마음이 합치되어야 음양의 조화가 이루어져 훌륭한 아이를 낳듯이, 좋은 명당을 쓰더라도 입관(入棺)되는 사람의 인생이 밝고 건전하며 선(善)한 일을 많이 한 순수한 백(魄)이 아니라면, 땅인 음은 괴로워하며 교합을 거부할 수도 있습니다.

즉 음양의 조화가 일어나지 않을 수도 있는 것입니다.

명당이란 땅에 있는 것이 아닙니다. 그 사람이 살아온 일생이 명당의 힘을 움직이는 것입니다.

음(陰) 속에 양(陽)이 있고,
양(陽) 속에 음(陰)이 있다

해가 뜨는 언덕으로 돌아가 봅시다. 햇빛이 비치는 언덕은 하루 동안 어떤 변화가 일어날까요?

언덕의 상공에서 언덕을 내려다본다고 생각해 보세요.

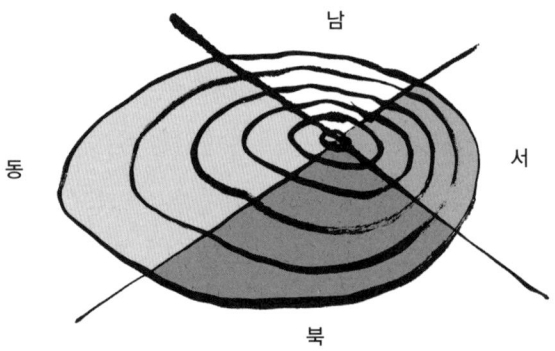

하루 중 동쪽과 남쪽이 많은 햇빛을 받고 있습니다. 그리고 서쪽과 북쪽은 상대적으로 적은 햇빛을 받을 수밖에 없습니다. 그래서 동남방(東南方)을 양(陽)이라 하고, 서북방(西北方)을 음(陰)이라 합니다. 언덕은 크게 나눌 때, 동남과 서북이 상대적인 음과 양을 보여줍니다.

이번에는 양방(陽方)인 동쪽과 남쪽만 떼어서 봅시다. 해가 남중(南中)하였을 때 햇살은 가장 뜨겁습니다. 동쪽은 남쪽에 비해 상대적으로 적은 햇살을 받게 됩니다.

남쪽은 양중지양(陽中之陽)이 되고,
동쪽은 양중지음(陽中之陰)이 되는 것입니다.

음방(陰方)인 서북쪽 역시 마찬가지입니다.
북쪽은 서쪽에 비해 더욱 어둡습니다.
서쪽은 음중지양(陰中之陽)이 되고,
북쪽은 음중지음(陰中之陰)이 됩니다.

이처럼 언덕을 동서남북으로 나누어 관찰했을 때 음과 양은 한 번 더 나뉘어져 사상(四象)을 보여줍니다.

다른 표현으로 바꿔 보면,

해가 솟아오르는 것을 목(木)이라 하고,

해가 높이 떠 있는 것을 화(火),

해가 지는 것을 금(金),

해가 들지 않는 것을 수(水)라 합니다.

양(陽) 속에는 목(木)과 화(火)가 상대적인 음양을 이루고, 음(陰) 속에는 금(金)과 수(水)가 상대적인 음양을 이루고 있습니다.

이처럼 음양이란 '이것은 양이고, 저것은 음이다.'라고 딱 잘라 말할 수 없는 아이러니를 스스로 안고 있습니다. 그 이유는 단 한 가지입니다.

음양이란, 절대의 세계가 아닌 반드시 마주보는 대상이 있는 상대적 체계이기 때문입니다.

동양의 우리 선조들께서는 이처럼 우주는 상대적으로 이루어져 있다는 것을 일러 주고 계신 것입니다.

정반대의 두 기운은 만나면 충돌하고 떨어지면 그리워합니다.

우주를 이율배반적으로 움직이고 있는 음양의 두 세계 속으로 천천히 걸어가다 보면, 우리는 다시 그 속에서 또 다른 음양과 마주칠 수밖에 없습니다.

　음양 속에 들어 있는 또 다른 음양, 동양은 이를 가리켜 사상(四象)이라 하였습니다.

　두 개로 보는 우주는 분열과 통합을 반복하며 우리를 일깨우고 있습니다.
　네 개로 보는 우주는 과연 우리에게 무엇을 가르쳐 줄까요?
　그것에 대해서는 보다 둥근 원(圓)을 그리는 오행(五行)편에서 살펴보도록 합시다.

주인과 손님은 어디서 오는가?

음양은 상대성과 일원성을 획득하면서 현상계의 실체로서 존재하게 되었습니다. 그러나 그 상태는 단지 존재의 뜻만 있지 생명력을 가지지는 못하고 있습니다. 다소 어려운 표현이지만, 음양이 시간의 흐름에 따라 승부 작용을 벌일 때 비로소 역동하는 생명력을 가지게 되는 것입니다.

아래쪽이 북쪽이고 위쪽이 남쪽입니다.

북쪽은 모든 것이 통일(統一)된 닫힌 자리를 의미하고, 남쪽은 모든 것이 분열(分裂)되어 화려하게 열려 있는 자리를 의미합니다.

그림에서 보듯 정지된 태극에서 시간의 흐름이 시작되면 동남방에서는 양이 주도하여 음형(陰形)을 길러 나가고, 서북방에서는 음이 주도하여 양기(陽氣)를 모으게 됩니다.

결론부터 이야기하면, 동남방의 주인은 양이고, 서북방의 주인은 음입니다. 또한 동남방의 손님은 음이며, 서북방의 손님은 양입니다. 이러한 결론을 도출하기 전에 반드시 알고 넘어가야 할 것이 있습니다. 바로 무극(無極)과 태극(太極), 황극(黃極)에 대한 예비 지식입니다.

무극은 태극을 낳고 태극은 음양을 이룹니다. 일반적으로 무극, 태극, 황극은 동양 학문의 시작이자 끝이라고 해도 과언이 아닐 만큼 중요한 의미를 함축하고 있습니다.

무극, 태극, 황극은 이미 고대로부터 언급되어 왔으나 주자(周子, 周濂溪)의 《태극도설(太極圖說)》에 의해 무극과 태극의 개념이 확립되고, 구한말 김일부의 삼극설(三極說)에 의해 비로소 우주의 근본틀로서 이론적으로 완성되었습니다.

그런데 놀라운 사실은, 삼극설이 완성되고서야 비로소 동양의 모든 학문을 하나로 꿰뚫으며(一以貫之) 설명할 수 있는 근거가 생겼다는 것입니다.

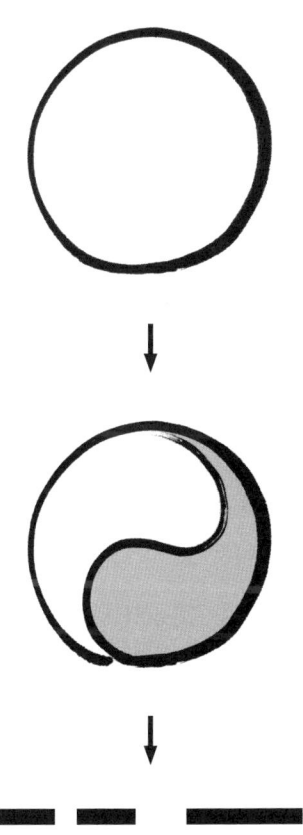

삼극(三極; 無極, 太極, 皇極)을 깊이 있게 이해하지 않고서는 음양의 주인과 손님을 찾는다는 것은 뜬구름잡기와 마찬가지입니다.

음양이 어디서 출발하여 어떻게 나뉘는지를 알기 위해 삼라만상의 이면에서 세 개의 기둥으로 받치고 있는 삼극에 대해 알아봅시다.

물론 학문의 정점에서나 언급할 수 있는 내용을 감히 건드려 흠집 내는 것을 우려하지 않는 바 아니지만, 음양이 탄생하고 주객(主客)이 생기기 이전의 과정을 알아야 하므로 천학비재(淺學非才)를 무릅쓰고 이야기해 보겠습니다.

무극과 태극, 황극은 인간의 논리와 개념으로 파악할 수 없습니다. 먼 우주여행을 다녀와 어떤 행성에서 본 미지의 꽃을 설명할 때 꽃잎은 국화를 닮았고 잎사귀는 장미를 닮았다는 등의 비유로만 설명할 수 있을 뿐입니다.

무극, 태극, 황극 역시 마찬가지입니다. 오로지 비유로만 설명할 수 있습니다.

농구 시합을 예로 들어 설명해 보겠습니다. 열 명의 친구들이 농구 코트에 모여 있습니다. 모두 친한 친구들로 열 명이 하나처럼 다정합니다. 서로 어떠한 적대감도 없이 농구 코트에 옹기종기 모여 있습니다.

농구코트   무극도

열 명의 친구들이 편을 가르기 전입니다.

위의 무극*도(無極圖)를 봅시다. 속이 비어 있습니다. 그러나 실제로 비어 있는 상태가 아니고 오히려 가득 차 있다고 할 수도 있습니다.

비유하자면 모든 입자가 극도로 쪼개어져 적막무짐(寂寞無朕)한 상태로 음양의 상대성은 전혀 보이지 않습니다. 즉 있는 듯 없는 듯이 가득 차 있는 무(無)의 상태로 현상계에는 그 모습을 드러내지 않습니다.

무료해진 친구들이 농구 시합을 하기로 하고 5:5로 편을 나누어 하프라인 양측으로 갈라섰습니다. 아직 시합 휘슬이 불기 전이라 서로 상대편을 탐색하는 눈빛으로 바라보고만 있습니다.

---

*무극(無極)은 말 그대로 극(極)이 없다는 의미입니다. 즉 어느 곳으로도 치우치지 않는 것을 나타냅니다. 우주는 무극에서 시작되므로 음도 없고 양도 없으며 중심도 없습니다. 무극은 현상계 이전의 자리입니다.

문왕팔괘(文王八卦)의 곤(坤)에 해당합니다.

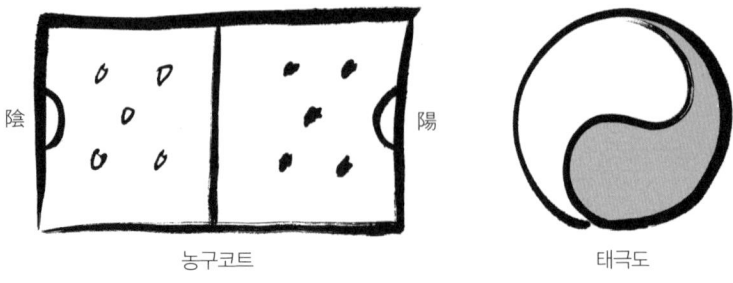

다섯 명씩 편을 갈라 陰팀과 陽팀으로 나누었습니다.

위의 태극*도를 봅시다. 속이 새 을(乙)자를 중심으로 둘로 나뉘었습니다. 이는 한없이 분화되었던 무극이 하나로 통일되는 과정을 거쳐 태극으로 변한 것입니다. 그러나 여기 그려진 태극 역시 음과 양의 투쟁 의욕만 내포하고 있을 뿐 실제로 승부 작용이 일어나지 않고 있습니다. 그러므로 역시 현상계에서는 태극의 모습이 드러나지 않습니다.

이처럼 무극과 태극은 절대의 세계이며 현상계에는 그 실체가 드러나지 않습니다. 즉 시공을 초월한 자리이며, 단지 비유로만 그 모습을 그릴 수 있는 것입니다. 그리고 하나 속의 음양에서 태극이라 표현한 것은 실제로 음양의 승부 작용을 일으키고 있는 태극을 뜻하는 것이니, 착각해서는 안 됩니다.

---

* 태극(太極)의 '太'는 '크다'를 뜻합니다. 그렇지만 '태(太)'와 '대(大)'는 다릅니다. 대(大)는 사람이 팔과 다리를 벌리고 있는 모습을 상형(象形)합니다. 더 이상 펼칠 수 없을 정도로 '크다'는 말입니다. 태(太)는 '크다'는 뜻에 일점(·)을 찍어 가장 작은 점이 가장 크다는 뜻을 표현합니다. 여기서 일점(·)이란 '수정란'과 같은 것으로 한 방울의 북방 태극수(北方 太極水)로 통일되어 가장 작으면서 가장 큰 것을 담고 있습니다.

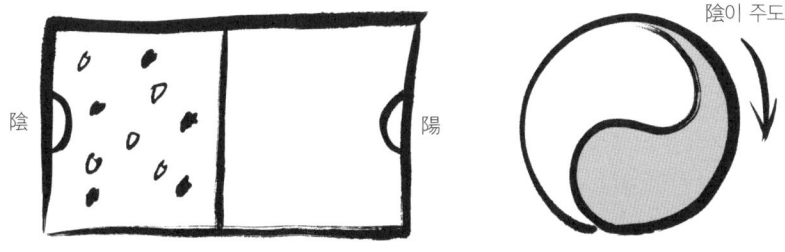

陰팀 쪽으로 몰려 게임을 하고 있습니다.

드디어 휘슬이 불었습니다. 시합이 시작되었습니다.

휘슬을 부는 순간 시합이 시작되듯, 음과 양의 승부가 펼쳐지는 순간 비로소 태극은 생명을 가지고 움직이기 시작하며 현상계에 삼라만상의 실체가 드러나는 것입니다.

그림에서 보듯 음의 골대 근처에서 공이 움직일 때는 음의 과정이라 하여 음팀을 주인, 양팀을 손님이라 합니다.

다시 세력이 밀려 양의 골대 근처로 공이 왔습니다.

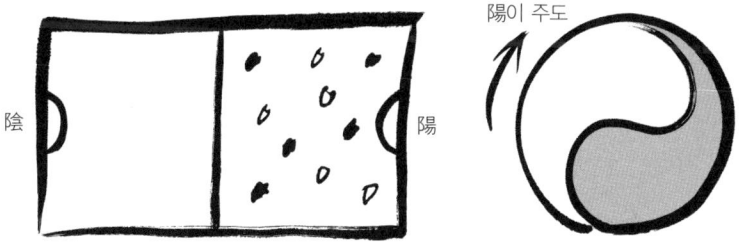

陽팀 쪽으로 몰려 게임을 하고 있습니다.

세상을 보는 음양의 눈

이제는 양의 과정이 되며, 양팀이 주인이고 음팀이 손님이 됩니다. 여기서 중요한 사실은, 음팀이 주도하든 양팀이 주도하든 선수의 숫자는 항상 5:5(즉 일대일)라는 사실입니다. 다시 말하면 모든 개체를 하나의 태극으로 볼 때 그 내면에 음과 양이 공존하고 있지만 그 태극을 주도하는 것이 음의 과정인지 양의 과정인지에 따라 그 개체의 성격이 결정되는 것입니다.

그러면 황극(皇極)*은 어디에 있을까요? 역시 비유로만 설명이 가능한데, 시합이 시작되고 난 다음의 농구 코트에서 공이 존재하는 바로 그 자리를 말하는 것입니다. 5:5로 나뉜 두 팀 구성원 모두의 시선은 바로 이 공에 모이며, 공의 움직임에 따라 음팀과 양팀의 일거수일투족을 따르게 되는 것입니다.

이를 공자께서 일컬어 시중지문(時中之門)**이라 했던 곳입니다.

'밝혀지는 우주'를 통해 음인지 양인지를 결정하는 것은 농구 시합처럼 역동하는 현 우주의 상황을 파악하는 것과 같습니다.

존재의 단면은 항상 일대일이지만 실제로 음에 치우쳐 있는지 양에 치우쳐 있는지를 알아야만 비로소 음양의 응용이 가능하며 삼라만상의 실상을 알 수 있습니다.

---

* 황극(皇極)의 '황(皇)'은 임금을 뜻합니다. 한 나라는 임금이 중심이 되어 다스려지는데 그 나라 안에서 일어나는 모든 사건은 임금의 뜻을 통해 가운데 서게 됩니다. 이처럼 어느 때[時中] 어느 곳이라도 임금과 같은 中자리가 항상 있습니다. 바로 이 자리를 황극이라 합니다(문왕팔괘의 '艮' 자리).
** 시중지문(時中之門)은 그때그때마다 중심이 되는 자리를 의미합니다. 유교에서는 '중용(中庸)'을 통해 어느 때 어느 곳에 처하든 가장 중심이 되는 자리를 찾아 한쪽으로 치우치지 않도록 가르칩니다.

음양의 역동성

앞에서 우리는 음과 양은 주인과 손님으로 결정된다는 사실을 공부했습니다. '홀로 있는 우주'에서는 삼라만상이 태극으로 존재하며 하나라는 것을 배웠지만 '밝혀지는 우주'에서는 하나 속에도 주객(主客)이 있어 하나가 아니라 둘이라는 것을 알아보았습니다.

즉 '너와 나'는 동일한 어원에서 나왔으며 '우리 모두는 하나다.'라는 선조의 지혜가 '홀로 있는 우주'라 한다면, '너와 나'는 주인과 손님으로 명확히 구별된다는 것이 '밝혀지는 우주'의 본뜻입니다.

'홀로 있는 우주'가 물질과 에너지가 하나라고 이야기하는 무차별의 세계라면, '밝혀지는 우주'는 물질은 물질이고 에너지는 에너지라고 말하는 차별의 세계입니다.

어쨌든 이와 같은 차별이 생기고 주인과 손님이 나뉘는 것은 전적으로 시간의 흐름 때문에 일어나는 것입니다.

언덕에 해가 떠서 동에서 서로 넘어가면서 생기는 응달과 양달의 편차로 인해 주인과 손님이 생기게 되고, 한번은 응달이, 또 한번은 양달이 언덕의 주인이 되는 것입니다.

앞으로 사물을 관찰할 때, '밝혀지는 우주'를 응용해 그 사물의 대표적인 특성이 어떻게 주인과 손님의 관계를 맺고 있는지를 염두에 두길 바라며 다음 장(章)으로 넘어가 봅시다.

4장
나는 누구인가

음양을 통해 삼라만상의 이치를 깨닫고
천지(天地)의 뜻을 좇는 자(者)는 바로 인간입니다.
하늘과 땅, 그 가운데에 인간은 서 있습니다.
음양의 가르침은 결국 인간 자신을 아는 데 있는 것입니다.
이 장(章)에서는 '나는 누구인가?'를 생각해 봅시다.

음양으로 풀어본 컴퓨터

많은 사람들이 컴퓨터는 음양의 원리를 이용해 만들었다고 합니다. 그러나 그렇지 않습니다.

컴퓨터의 원리는 이진법으로서, on-off의 실무율(all or none theory)을 바탕으로 연산을 합니다. on-off는 '맞다, 아니다.' 혹은 '희다, 그렇지 않으면 검다.'고 하는 것과 같은 원리입니다.

그러나 음양은 그렇지 않습니다. 다음 그림을 봅시다.

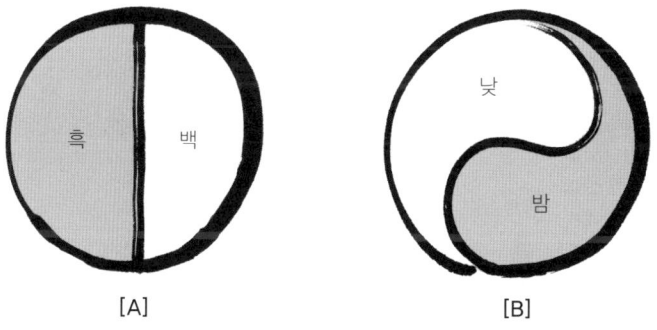

[A]　　　　　　[B]

[A]에서는 가운데에 직선이 경계가 되어 '이것 아니면 저것이다.'는 명확한 구분이 있습니다. 이는 '불이 켜졌거나 아니면 꺼졌

다.'는 on-off의 개념을 보여주고 있습니다.

반면 음양의 실상인 (B)의 그림을 보면, 낮이 밤이 되고 밤이 낮이 될 때 서로 꼬리를 물고 돌아가고 있습니다. 낮과 밤은 on-off처럼 정확하게 나뉘지 않습니다.

이는 전적으로 시간에 의해 형성된 을(乙) 자의 작용으로, 원의 이면에 乙의 곡선이 생기면서 음양은 생명을 갖게 되는 것입니다. on-off를 바탕으로 만들어진 컴퓨터는 아무리 발달되더라도 그 이면에 乙 자 곡선이 없어 생명력을 가질 수 없습니다.

소설이나 SF영화에서 컴퓨터가 인간을 지배하는 시대가 온다고 예언하는데, 컴퓨터는 도구일 뿐 그 이상도 그 이하도 아닙니다.

컴퓨터 용어로 비유한다면 사람을 루트 디렉토리(Root directory)로 보았을 때 컴퓨터는 하부 디렉토리의 한쪽 모퉁이에 달려 있는

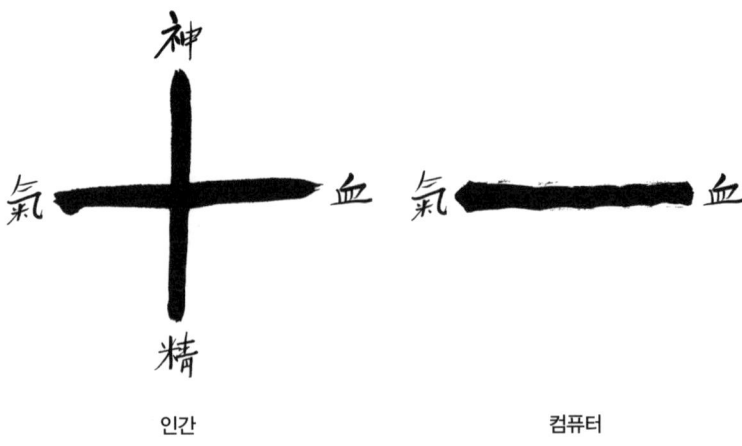

인간   컴퓨터

작은 파일(file)에 불과한 것입니다.

또 컴퓨터를 인간에 비유한다면 기(氣)와 혈(血)은 있으나 정(精)과 신(神)은 없다고 할 수 있습니다. 컴퓨터는 몸체가 혈이 되고 전력 공급이 기가 됩니다.

그러나 정이 없어 자식을 낳을 수 없고 신이 없어 스스로 사유할 수도 없습니다.

인간과 지구의 중심(中心)

'중심(中心)'이라는 글자는 중(中)과 심(心)으로 이루어져 있습니다. 이때 중(中)은 토(土)를 말하는 것이고, 심(心)은 화(火)를 이야기하는 것입니다.

동양에서는 '중심(中心)'에 관한 두 가지 견해가 음양으로 존재합니다.

하나는 현실적 중심, 즉 위치적 중심이고,

다른 하나는 내용적 중심, 즉 질적 중심입니다.

어렵게 이야기하면 현실적 중심은 불[火]이라 하고, 질적 중심은 토(土)라고도 합니다.

먼저 불을 찾아갑시다.

모든 존재의 가운데를 직접 들여다보면 힘이 터져 나온 중심 뿌리가 있는데, 이를 동양에서는 불[火]이라고 합니다.

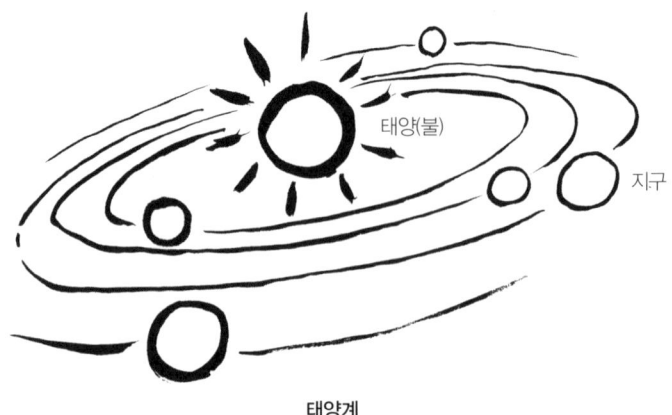

태양계

태양계를 보십시오. 위치 중심에 태양이 있습니다.
마찬가지로 지구 중심을 보십시오.

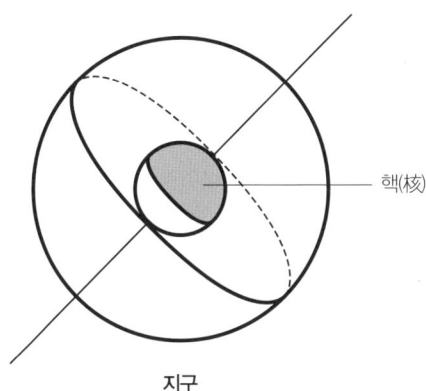

지구

지구 깊숙한 중앙에는 놀라울 정도로 높은 온도의 핵(核)이 존재합니다. 우리가 사는 은하계의 중심 역시 마찬가지입니다.

현대 과학은 우리 은하의 중심에 블랙홀이 있을 거라고 하는데, 블랙홀이건 아니건 그 중심에는 고도로 농축된 높은 온도의 핵이 분명히 있을 것입니다.

사람을 보십시오. 좌우와 상하의 음양이 만나는 자리에 심장(心臟)이 있습니다(심장이 좌측에 치우친 이유는 불완전한 우주의 실상을 반영한 것입니다).

심장은 화장(火臟)입니다. 심장에는 마음 불[心火]이 들어 있어 뜨

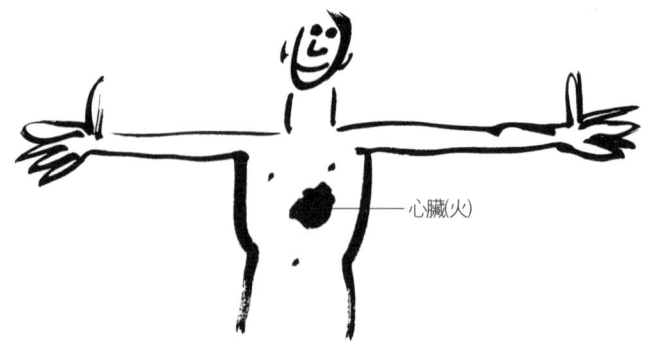
心臟(火)

거운 힘을 발휘하며 죽을 때까지 쉬지 않고 움직이는 존재입니다.

이와 같이 미시(微視)의 원자 세계에서부터 거시(巨視)의 천세까지 모든 존재의 위치적이고 현실적인 중심에는 '불'을 담고 있습니다. 이 불은 그 존재를 이루고 있는 힘(Energy)의 근원 자리이며, 동시에 나무의 뿌리와 같은 중심을 의미합니다.

뿌리(불)
(水中之火)

나무를 보십시오. 나무의 존재를 이루고 있는 힘의 근원 자리는 뿌리입니다. 뿌리로부터 줄기도 가지도 잎도 납니다.

나무가 가지고 있는 생명력은 뿌리에 모두 간직되어 있습니다. 뿌리는 앞에서 이야기한 현실적 중심으로서 '불'이라고 표현되는 위치의 중심입니다[水中之火].

224 음양이 뭐지?

나무는 수술과 암술이 수정되어 가을이 되면 열매를 맺습니다. 그런데 열매 맺은 씨에는 놀랍게도 큰 나무의 설계도가 모두 들어 있습니다.

씨 속에는 뿌리도, 줄기도, 잎사귀도 그리고 자기와 같은 열매를 맺는 설계도가 다 들어 있습니다(현대 과학은 이것을 유전 정보라고 하며, DNA에 유전 정보가 숨어 있다고 합니다).

즉 나무의 모든 것이 고밀도로 농축되어 생명력으로 저장되어 있는 것입니다.

바로 이러한 농축된 생명 정보를 동양에서는 또 다른 중심이라 하고, 혹은 土라고도 했습니다. 질적인 중심은 위치적으로 가운데 있는 것은 아니지만, 내용적으로 보면 모든 것을 다 담고 있는 또 하나의 중심인 것입니다.

사람의 경우에는 질적 중심이 다시 두 가지로 나뉘어 나타나게 됩니다.

가을에 열매 맺은 씨는 인간의 머리에 해당되고, 땅에 떨어져 심어진 씨는 인간의 생식 기능에 해당됩니다.

마치 머리에 있는 뇌수하체에서 분비하는 호르몬이 인간의 생식에 관계된 호르몬을 분비하도록 지시하듯이, 땅에 떨어지지 않은 씨는 뜻만 간직하고 있는 머리와 같으며, 땅에 떨어진 씨는 뜻을 이룩할 생명력이 약동하면서 농축된 힘을 간직한 정자나 난자와

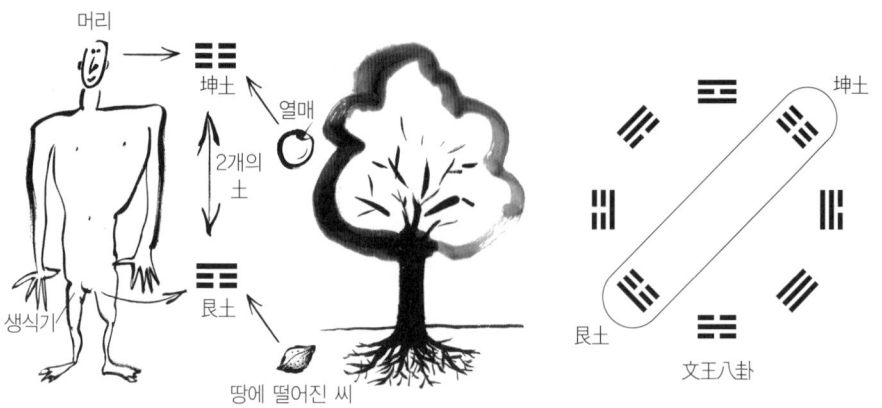

 같습니다. 인체 내에서 인체를 가장 잘 복사하고 있는 것이 정자와 난자입니다.

　머리는 인체를 움직이는 우두머리이며(坤土; 陽宅), 생식 기관 속에 있는 정자와 난자는 자식입니다(艮土; 陰宅).

　이번에는 우주 속으로 시야를 넓혀 질적 중심인 土를 밝혀 봅시다. 동양에서는 사람의 머리에 해당하는 곤토(坤土; 풍수지리에서 陽宅明堂)를 북극성을 중심으로 하는 자미원(紫微垣; 별자리 이름)으로 보았고, 북극성의 자미원에 우주의 주재자인 옥황상제가 거(居)한다고 믿었습니다.

　그러면 우주에서 사람의 생식 기능에 해당하는 간토(艮土; 풍수지리에서 陰宅明堂)는 어디일까요?

바로 지구입니다. 그리고 정자와 난자로 비유되는 것이 지구에 사는 인간들로서 우주를 가장 잘 복제하고 있는 최대공약수의 생명체라고 할 수 있습니다.

질적인 중심은 두 가지입니다. 하나는 머리와 같이 가장 위에서 모든 것을 통괄하고 있는 중심과, 또 하나는 어떤 존재 자체를 최대한 농축한 자식과 같은 중심입니다.

지구는 우주의 생식 기관과 같은 소우주(小宇宙)이며, 이 생식 기관에 사는 인간은 정자와 난자에 해당하는 대우주(大宇宙)의 자식들입니다.

현실적으로 지구가 우주의 중심에 있지 않은 이유는 바로 생식 기관인 이 간토(艮土)가 인체 속에서 가장 구석의 초라한 곳에 있기 때문입니다.

가장 초라한 곳에서 가장 위대한 역사가 이루어지는 것이 우주의 비밀입니다.

사람의 삼극(三極)

사람에게 태극(太極)은 마음[心]이 되고,
무극(無極)은 정신(精神),
황극(皇極)은 육체(肉體)가 됩니다.

마음은 태극으로, 항상 선(善)과 악(惡)의 음양이 충돌하는 갈등의 격전장입니다.
육체는 황극으로, 기혈(氣血)이 주체가 되어 인체를 끊임없이 자양(滋養)하며,
정신(精神)은 무한한 자유 속에서 마음과 육체를 다스립니다.
또한 정(精)은 육체의 뿌리가 되고, 신(神)은 마음의 뿌리가 됩니다.
그래서 정신은 자유로우며,
마음은 갈등하고,
육체는 움직이게 되는 것입니다.

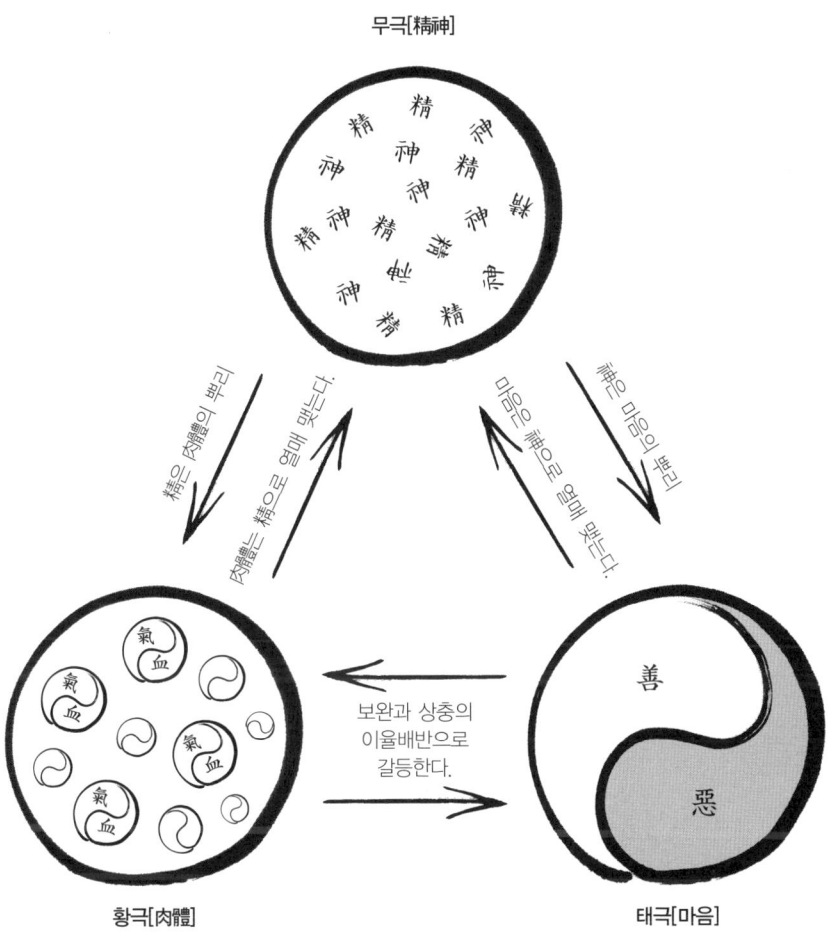

단전(丹田)이란

단전(丹田)*은 '한 폭의 붉은 밭'을 의미합니다. 인체에는 세 군데의 단전이 있습니다.

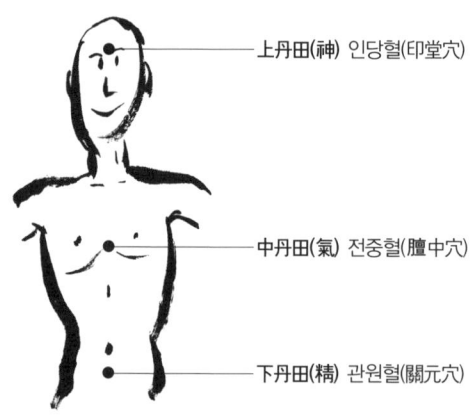

단전호흡을 할 때 일반적으로 지칭하는 단전은 하단전(下丹田)을 의미합니다. '단(丹)'의 본디 글자는 '🔲' 혹은 '🔲'으로서, 우물[井] 밑바닥에 있는 붉은 광석을 뜻합니다.

'전(田)'이란 '밭'입니다. 이 밭에는 '十'이 '口'에 싸여 있다는 뜻

* '단전(丹田)'은 일반적으로 인체 속의 정기신(精氣神)이 겉으로 반응하는 특정체표 반응점을 일컫는 것입니다. 상단전은 인당혈(印堂穴), 중단전은 전중혈(膻中穴), 하단전은 관원혈(關元穴)에서 나타납니다.

이 담겨 있습니다. '十'이 '口'에 갇혀 있다가 일어나면 '갑(甲)'이 됩니다(《오행은 뭘까?》의 '甲' 참조).

즉 밭은 씨를 뿌리는 곳으로 정확히 이야기하면 '十'이라는 씨앗이 뿌려졌지만 아직은 싹이 나오지 않은 밭입니다. 동양의 수많은 사람을 유혹했던 단전의 자리는, 바로 '생명의 붉은 씨앗이 잠자고 있는 자리'입니다. 이 자리는 해부학적으로 보면 별반 대수롭지도 않고 신비스럽지도 않은 곳입니다.

남자에게는 '전립선(前立腺; prostate gland)'이라고 알려져 있는 곳이고, 여자에게는 아기집이라는 '자궁(子宮; uterus)'일 따름입니다.

단전을 자궁과 전립선이라 함은 동서의학이 교류될 때 간(肝)이 'liver'로 번역되는 상황을 생각합시다. 동양의학에서 간이란 인체 내에서 목기(木氣)가 승발(升發)하는 모든 조직을 통칭하기도 합니다. 그러므로 손톱, 근(筋; muscle) 등도 간에 속합니다. 간을 'liver'로 번역하는 것은 liver가 간의 역할을 대표하기 때문입니다. 즉 간은 liver를 내포(內包)하고 있습니다. 단전 역시 그 의미에 상응하는 대표 장기가 있는 것입니다.

사실, 전립선[丹田]이란 방광 밑에 달라붙어 있는 밤톨만 한 적갈색의 정액 생산 공장에 지나지 않아 보입니다. 또한 여자의 자궁도 아랫배에 인대로 매달려 있는 연분홍빛의 근육질 주머니로서 아기가 자라날 집 정도로밖에는 보이지 않습니다.

그러나 전립선은 정자(精子)의 밭이고,
자궁은 난자(卵子)의 밭입니다.

남자의 최대공약수인 정자와 여자의 최대공약수

인 난자는 단전이라는 밭에 심어지는 씨와 같은 것입니다.

하나는 알맹이인 씨(정자 ☷)이고, 다른 하나는 껍데기인 씨(난자 ☷)입니다.

그리고 정자와 난자가 합쳐져서 일어나는 생명 창조의 드라마를 생각한다면 전립선과 자궁을 결코 단순한 해부학적 기관으로만 볼 수는 없습니다. 동양의 수천 년 역사에 비밀스럽게 전해 내려오는 단전의 수련법들은 단순히 전립선이나 자궁을 튼튼하게 하는 정도에서 그치는 것이 아닙니다.

하단전(下丹田)은 정(精)의 보고(寶庫)라고 할 수 있습니다. 그렇다면 정(精)이란 무엇일까요?

옆 그림을 보십시오.

정(精)이란, 에너지가 고도로 농축되어 물질화된 것을 의미합니다.

기(氣)란, 이러한 정(精) 속에 갇혀 있던 힘이 탈출하면서 일어나는 에너지의 발현 현상을 말합니다.

신(神)이란, 물질이 모두 탈출한 순수 상태의 밝음[明]이 모여 있는 영혼을 의미하는 것입니다.

촛불을 예로 들면, 초 자체는 에너지가 농축되어 있는 물질로 정에 해당되고, 촛불의 불꽃이나 열기(熱氣) 등은 기에 해당됩니다. 신(神)은 환한 불빛을 의미합니다.

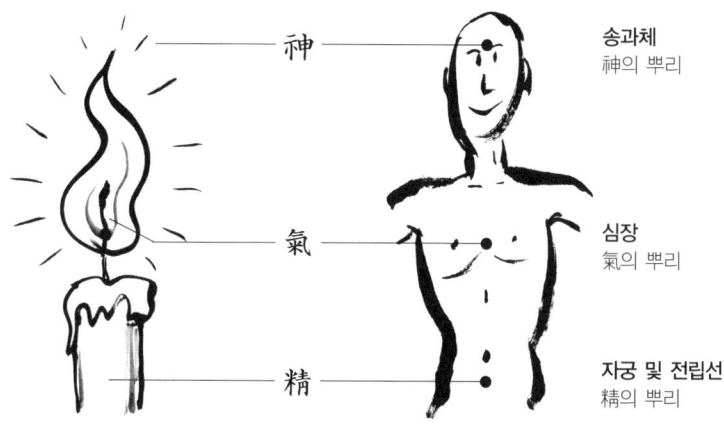

인간의 삶이란 하단전에 들어 있는 에너지(생명력)를 위로 끌어올려, 중단전인 심장에서 태워 그 생기(生氣)가 온몸을 데우고, 생기의 순수 에너지인 신(神)은 상단전(현재는 머릿속의 송과체가 아닌가 추측됩니다.)에 통일되어 인체를 들락거리며 생명을 영위하는 것입니다.

그러나 사람은 촛불과 달라서 정기신(精氣神)이 인체 어느 곳에나 존재하고 있습니다.

단지 '정(精)'이라는 육체는 하단전의 전립선 혹은 자궁에 그 뿌리를 두고 있을 뿐이고, '기(氣)'라는 인체 활동 에너지는 심장을 뿌리로 하여 끊임없는 박동을 통해 타올라서 인체의 곳곳을 누비며 활동하는 것입니다.

그리고 '신(神)'이라는 빛과 같은 '영혼'은 양 눈썹 사이의 안쪽에 자리 잡고 있는 한 실질 기관을 뿌리로 하여, 육체가 잠잘 때는 깨어나 천지(天地)를 '주유(周遊)'하다가 육체가 깨어날 때가 되면 다시 인체 속으로 들어와서 잠들게 됩니다(사람이 깨어 있을 때에는 의식이 주인이고, 잠에 들면 영혼이 주인이 됩니다).

송과체(松果體; pineal body), 심장, 그리고 자궁 및 전립선은 단지 정기신(精氣神)의 뿌리가 되는 물질적 기관에 지나지 않습니다. 그러나 그것이 가지고 있는 의미는 생명의 창조적 발현을 가능하게 하는 위대한 뿌리들인 것입니다.

수승화강(水升火降)

물은 밑으로 흘러내려가고 불은 위로 타오르는 것이 자연의 이치입니다. 그런데 물이 올라가고 불이 내려간다니 무슨 말일까요?

먼저 사람을 봅시다. 피가 머리끝까지 올라와 있지요? 피는 액체인데 머리끝까지 올라왔습니다.

또 발끝을 봅시다. 발끝까지 따뜻합니다. 불은 위로만 타올라야 하는데 발끝까지 뜨거운 기운이 내려왔습니다.

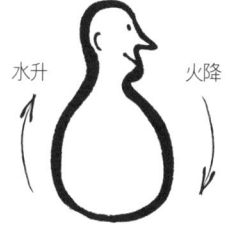

혈액이 머리까지 올라가고, 따뜻한 온기가 발까지 내려간다.

이번에는 나무를 봅시다. 나무에는 물관과 체관이라는 구조가 있습니다. 물관은 뿌리가 빨아올린 물을 위로 나르는 곳이고, 체관은 잎에서 햇빛 에너지를 이용해 만든 영양분을 밑으로 운반하는 작용을 합니다.

나무 역시 가지 끝의 잎까지 물이 올라가고 태양에너지는 뿌리까지 내려가고 있습니다.

    삼라만상에 생명을 가지고 있는 모든 것은 물과 불이 합쳐져야 생명 활동이 일어납니다.

    물은 생명의 어머니이고, 불은 생명의 아버지입니다.

    물이 위로 올라가고 불이 밑으로 내려올 때에 비로소 생명이 있다고 할 수 있는 겁니다.

    이와 같은 과정을 한의학에서는 수승화강(水升火降)이라 합니다. 수승화강이 정상적으로 잘 일어날 때 그 생명체는 건강하고, 수승화강에 이상이 생겨 물이 제대로 올라가지 못하거나 불이 제대로 내려오지 못하면 병이 생기게 되는 것입니다.

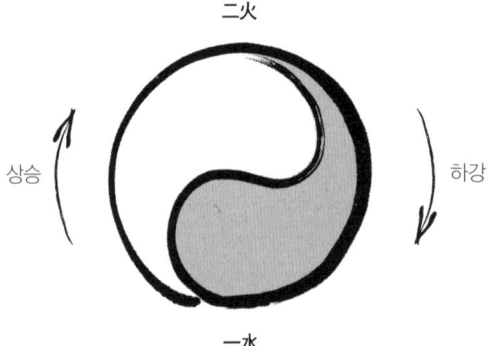

236 음양이 뭐지?

앞의 그림을 보면, 북방에서 일수(一水)가 동남방으로 상승하고, 남방의 이화(二火)가 서북방으로 하강하는 것으로 보아 우주 역시 살아 있는 생명체임을 나타내고 있습니다.

임맥(任脈)과 독맥(督脈)

인체에서 불이 내려가는 길을 임맥(任脈)이라 하고, 물이 올라가는 길을 독맥(督脈)이라 합니다.

맥(脈)이란 줄기를 의미합니다. 한의학에서는 두 기운이 마주치는 곳에만 '맥(脈)이 있다.'고 합니다. 임맥과 독맥 역시 좌우가 만나는 곳에 있습니다.

독맥은 등줄기를 따라 흘러가고, 임맥은 복부(腹部) 정중선을 따라 흘러갑니다. 해부학적으로 독맥은 뇌척수(brain & spinal cord)와 척수 바깥으로 뇌척수액(CSF; cerebrospinal fluid)이 흐르는 자리를 말합니다.

독맥(督脈)
척수(spinal cord)를 따라 뇌척수액이 흐른다.

머리뼈와 척추뼈, 그 속에 있는 뇌척수액과 신경 조직이 모두 독맥(督脈)으로 추상(抽象)할 수 있는 물질 기관입니다.

그런데 놀랍게도 서양 의학에서는 뇌척수액이 들숨 때 하강하고 날숨 때 상승하며 끊임없이 순환하고 있다고 밝히고 있습니다. 또한 이러한 순환을 돕기 위해 두개골(頭蓋骨)의 봉합(縫合; suture)과 천골(薦骨; sacrum)이 율동적으로 움직이고(분당 6~12회) 있습니다.

몇 천 년 전부터 동양에서는 이 부위를 독맥이라고 부르며, 그 이면에서 상승하는 것을 '물[水]'이라고 표현했습니다.

그렇다면 임맥은 무엇일까요?

임맥은 그 실질 기관이 없습니다. 단지 중심적 뿌리라 할 수 있는 것들만 있을 뿐인데, 이것이 바로 앞에서 이야기한 하단전(下丹田), 중단전(中丹田) 등입니다.

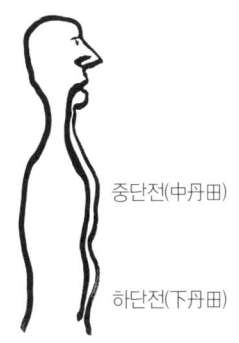
임맥(任脈)
소화관(digestive tube)이 지나간다.

사실 임맥은 생물의 태생기에 수정란이 막 분열되어 실제 기관의 모습으로 분화되기 전에 한쪽 부위가 움푹 들어가면서 내배엽을 형성하는 원초적 음(陰) 에너지입니다. 나중에 내배엽은 변해서 음식이 소화되는 소화 통로를 비롯한 몇 가지 기관을 형성하게 됩니다.

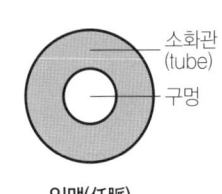
임맥(任脈)

즉 임맥(任脈)은 주로 입에서 항문까지 통하는 구멍을 형성하는 음(陰) 에너지의 원천입니다. 실제로 동물이 진화되는 과정을 살펴보면 내배엽이 소화기관 외에도 복잡한 모습으로 변형되지만, 소화기관이 형성하는 구멍을 임맥의 대표로 추상할 수 있는 것입니다.

즉 독맥은 뼈에 싸여 있는 곳으로 음중의 양(陰中의 陽; ☳)을 의미하고, 임맥은 구멍이 뚫려 있는 곳으로 양중의 음(陽中의 陰; ☴)을 의미합니다.

다른 말로 하면 독맥은 물이 증발하여 올라가는 것과 같고 임맥은 물질이 타면서 불꽃과 열기가 올라가는 것과 같습니다.

물이 위로 증발되는 것은 물속의 에너지가 물을 끌고 올라가는 것이고, 불이 타는 것은 물질 속에 있는 에너지가 위로 올라가며 물질에서 탈출하는 현상입니다.

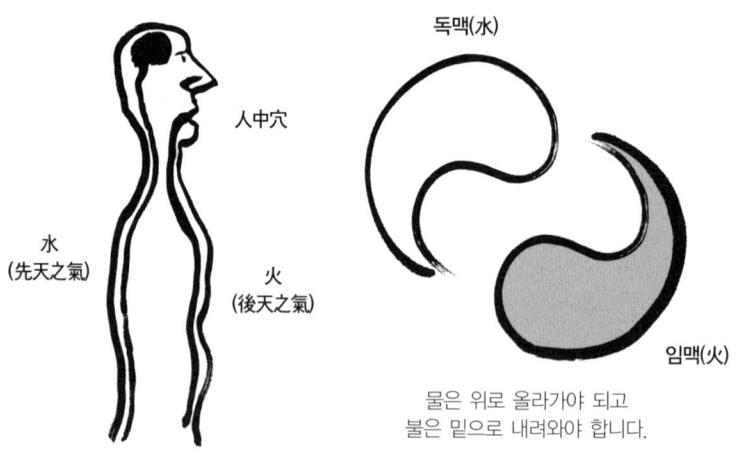

물은 위로 올라가야 되고
불은 밑으로 내려와야 합니다.

독맥을 보면 너무나 철저히 보호받고 있다는 생각이 듭니다.

가장 바깥을 뼈로 싸고 있는 것도 모자라 뇌척수액이라는 '물[水]'로 완충을 거친 다음, 그 안에 신경들이 들어 있습니다.

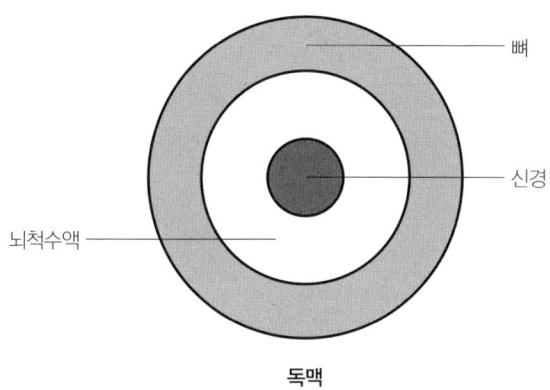

독맥

그러나 신경도 알맹이는 아닙니다. 순수한 알맹이는 신경이라는 실질 기관 속에 들어 있는 보이지 않는 에너지로서 신경전달물질을 움직이는 생명의 원동력입니다.

뇌척수액이 순환하며 식혀야 할 정도로 순도 높은 에너지를 동양에서는 선천적(先天的)으로 가지고 태어난 기(氣)라 하여 '원기(原氣)'라고 부릅니다.

이와는 반대로 임맥은 속이 텅 비어 있는 통로로 이 통로에 음식물이 들어가면 마치 불타는 것처럼 에너지는 에너지대로, 영양분은 영양분대로 찌꺼기는 찌꺼기대로 모두 분리됩니다. 음식물에서 생긴 열량(혹은 에너지)은 인체를 실질적으로 움직이는 자동차의 휘발유 같은 역할을 합니다.

   이것을 동양에서는 후천적(後天的)으로 섭취한 것이라 하여 후천지기(後天之氣)라 하며 종기(宗氣)라고도 부릅니다.

   바로 이 원기와 종기가 합쳐져 진기(眞氣)를 이루어 인체 내 십이경락(十二經絡)을 주도하며, 오장육부(五臟六腑) 등 전신의 생명 활동을 가능하게 하는 것입니다.

월인천강(月印千江)과 만법귀일(萬法歸一)

하늘의 달은 수많은 강과 호수에 비칩니다. 달은 천 개의 강에 떠 있습니다. 이태백은 그 달을 건지려다 죽었다고도 합니다.

하늘에 달은 하나인데, 천 개의 강과 만 개의 호수에 달이 떠 있습니다. 그렇게 수많은 달들은 모두 하늘에 있는 하나의 달에서 나온 것입니다.

반대로 산에서 발원(發源)한 물들은 수만의 지류를 형성하다가 결국은 하나인 바다로 돌아옵니다.

월인천강은 일태극(一太極)이 십무극(十無極)으로 분열하는 모습이고, 만법귀일은 십무극이 일태극으로 통일되는 모습입니다.

이러한 상반된 과정을 통해 삼라만상은 존재하고 있습니다. 모든 존재는 이 법칙에서 벗어날 수 없습니다.

존재(存在)라는 말뜻 속에도 같은 이치가 숨어 있습니다. 존(存)이란 자(子)를 통해 일(一)로 완료[了]되는 것을 보여주고 있습니다. 즉 십무극에서 일태극으로 돌아와 순환을 마감하는 것을 뜻합니다.

인생은 릴레이 경주와도 같습니다. 일태극으로 돌아와 자신의 순환을 마감하면 자식(子)에게 바통(baton)을 넘겨줍니다.

재(在)는 토(土)를 통해 일(一)이 십(十)으로 분열되는 것을 보여줍니다.

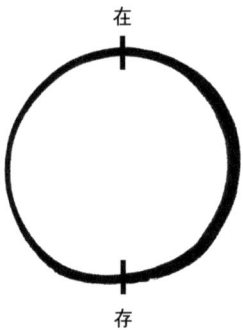

즉 일태극이 십무극으로 흩어지는 과정인 것입니다.

또한 진술축미(辰戌丑未) 사정방(四正方)에서 십토(十土)가 모든 土를 대표한다는 것도 알 수 있습니다.

뇌 속에 살고 있는 해태

법(法)이란 무엇일까요? 법이란 물이 흘러가는 것을 말합니다.

그런데 법의 본 글자는 '灋'자입니다. 여기서 '廌'자는 '해태 채' 자입니다. 해태란 동북 변방에 있는 동물로서 뿔이 하나 있으며 소를 닮은 짐승이라고 합니다. 옛날에는 죄를 지었다고 여겨지는 자는 이 짐승이 뿔로 받아서 그 죄의 유무를 알 수 있었습니다.

그런데 해태는 '불'을 다스리는 상상의 동물입니다. 또한 화재나 재앙을 물리치는 신수(神獸)로 간주되었습니다.

그래서 지금도 경복궁 정문 앞에는 관악산이 멀리 내다보이는 정남쪽을 향해 해태상이 서 있습니다. 풍수지리적으로 볼 때 관악산은 화기(火氣)가 많은 산이기 때문에 그 화기를 막기 위해 해태상을 세웠다고 합니다.

불을 다스리는 것은 물밖에 없습니다. 즉 '해태'란 수신(水神)인 것입니다. '법(法)'이란, 난마처럼 흩어져 있던 화기에 의해 저질러지기 쉬운 죄악을 모두 거두어 아래로 흘러가는 물과 같은 것으로, 세상을 바르게 통일하는 것입니다.

인체에도 법(法)에 의한 통제가 이루어지고 있습니다. 인간의 손끝, 발끝 등 말초 부위는 화기에 의해 형성되는데 '말초적'이라는 표현을 통해 감각적이고 육체적인 욕망을 대변합니다. 그렇지만 그러한 말초적 욕구는 전부 수용될 수 없는 것이며, 한 바다인 뇌까지 전달되는 과정에서 통제가 일어날 수밖에 없습니다.

뇌는 거대한 신경 다발로 물로 비유하면 바다와도 같습니다. 또한 의식과 판단이 일어나는 곳으로 몸의 모든 욕구는 뇌의 심판에 의해 결정됩니다.

손끝, 발끝의 신경지류(神經支流)는 남방(南方)의 화기에 의해 난마(亂麻)처럼 흩어져 제멋대로 하려고 하지만 해태가 살고 있는 뇌에서 그 주장들을 거두어 법(法)대로 처리하는 것입니다.

몸과 마음의 행로

인간은 몸과 마음이 합쳐져 하나의 개체를 형성하고 있습니다. 몸과 마음이 합쳐진 모습은 태극과도 같다고 했습니다. 그러면 우리의 몸과 마음이 삶의 과정에서 어떻게 변화되는지 음양의 원리를 통해 밝혀 봅시다.

먼저 몸을 봅시다. 정자와 난자가 결합해 수정란을 이루며 우리의 몸은 긴 여정을 시작합니다. 어머니의 음정(陰精)과 아버지의 양정(陽精)이 서로 합쳐진 수정란은 급속도로 분열과 성장을 거듭해 마침내 출산할 때 약 2천억에 가까운 세포를 가진 태아가 됩니다.

출산 이후에도 우리의 몸은 계속 성장하는데, 약 30세 전후에 종적(縱的)인 성장이 멈추고도 죽을 때까지 각 조직의 세포들은 끊임없이 분열을 거듭합니다. 즉 육체적 상황인 몸은 호흡이 멈출 때까지 지속적으로 세포 분열이 일으키며 자라는 것입니다.

다음은 마음을 봅시다. 우리의 몸을 끌고 다니는 이면에는 마음이 있습니다. 어린 아기의 마음은 백지처럼 순결하다고 합니다. 백지처럼 비어 있는 무분별의 의식 상태에서는 동전을 삼키기도 하고 부끄러움을 몰라 대소변을 가리지 않습니다.

그러나 성장하는 과정에서 언어를 배우고 언어를 통해 사고의 체계가 서면 비어 있던 무질서의 마음이 질서로 바뀌어 갑니다. 옳고 그름에 대한 분별도 이루어지며 부모의 가정교육, 학교교육을 통해 사고는 더욱더 체계를 갖추게 됩니다.

이러한 마음의 과정은 몸과 정반대의 진행을 보여주고 있습니다. 몸은 한없이 분열하지만 마음은 거꾸로 조직적이고 체계적으로 모이고 있는 것입니다.

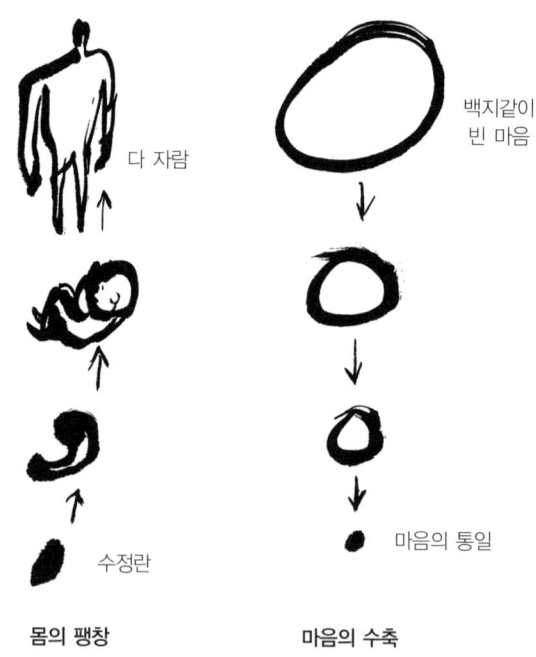

몸의 팽창   마음의 수축

그림에서 보듯 몸은 한 점 태극(太極)에서 출발하여 한없이 분열하는 과정이며, 마음은 분열되어 백지처럼 비어 있는 무극(无極)에서 출발하여 한없이 수렴하는 과정입니다.

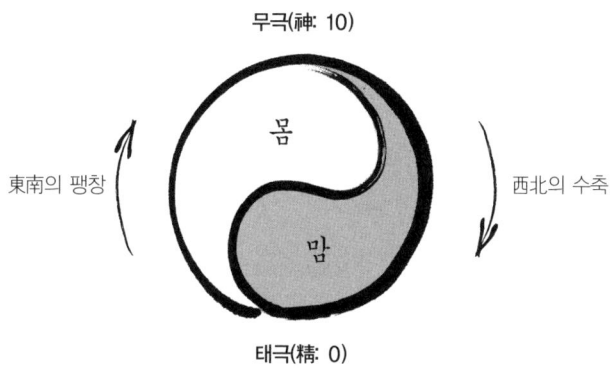

위 그림을 통해 다시 봅시다.

몸은 양정(兩精)*이 상박(相薄)하여 북방의 일점 태극으로 태어납니다. 몸이 점차 자라나는 과정은 동남방에서 분열을 거듭하는 과정으로, 호흡을 통해 기(氣)를 받으며 음식을 통해 혈(血)을 이루어 확장되어 갑니다.

육체의 이런 과정은 태극에서 출발해 무극에서 끝납니다. 끊임없이 몸의 음형(陰形)을 확장하며 흩어가는 것으로 팽창만 하며 거의 수축이 일어나지 않습니다.

---

* 양정(兩精)은 부정(父精)과 모정(母精, 혹은 母血)입니다.

물론 노후에 각 조직의 위축(Atrophy)이 조금씩 일어나지만 세포 분열이 멈추는 것은 아닙니다.

마음은 남방의 무극에서 태어납니다. 점차 성장하며 서북방의 수렴 과정을 거치게 되는데, 부모의 꾸중과 선생님의 회초리로 통일되어 갑니다. 이 과정은 무극에서 출발해 일점 태극에서 끝나는데, 끊임없이 마음의 양신(陽神)을 모아서 충양(充陽)하는 것으로 수렴만 하지 거의 분열이 일어나지 않습니다.

물론 노후에 노인성 치매(노망; senile dementia) 등이 생길 수도 있으나 천지의 법도를 잘 따르고 마음을 올바로 다스리면 훌륭하게 하나로 통일될 수 있는 것입니다.

자! 여기서 몸과 마음의 행로를 잘 생각해 봅시다.

수정란이 분열되어 몸이 자라나는 것은 물질적인 성장을 뜻하는 것입니다. 즉 몸이 자라나는 것은 물질이 늘어나는 것으로 영양공급을 통해 가능합니다. 영양공급을 받는 몸의 내부는 끊임없이 산화와 환원이 반복되며 쉬임없이 돌아가는 화학 공장과도 같습니다. 그 결과 몸은 소모되고 닳게 되어 남방(南方) 분열의 끝에서 더 이상 분열할 힘이 없을 때 심장을 멈추게 되는 것입니다.

반면에 마음은 물질적 상황이 아니며 그 형태조차 규명할 수 없습니다. 하지만 나이가 들어감에 따라 닳아가는 몸과는 반대로 오히려 빛이 나고 지혜로워지고 명(明)이 밝아지게 됩니다. 그 결과 북방(北方) 수축의 끝에서 몸과 결별하고 일점 태극으로 돌아갑니다.

몸(形)은 삶의 길을 걷고 있습니까, 죽음의 길을 걷고 있습니까?
마음(神)은 삶의 길을 걷고 있습니까, 죽음의 길을 걷고 있습니까?

"만법귀일(萬法歸一) 일귀하처(一歸何處)."

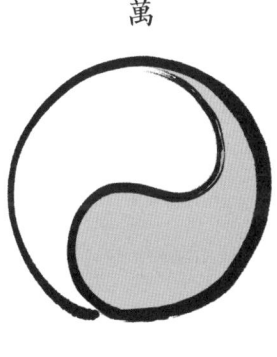

신체발부는 수지부모라

신체발부(身體髮膚)는 수지부모(受之父母)라
불감훼상(不敢毀傷)이 효지시야(孝之始也)라.

몸은 머리털 한 올까지 부모로부터 받은 것이라
감히 손상시키지 않는 것이 효(孝)의 시작이다.

인륜을 가르치는 유교의 큰 말씀입니다.

신체발부는 몸을 뜻하는 것으로 아버지의 정자와 어머니의 난자가 합쳐진 수정체가 분열을 시작해 육체적으로 나타난 실체를 뜻합니다. 즉 신체발부는 눈에 보이는 형이하학적 실체로 현상적으로 공간에 드러난 음형(陰形)의 실체입니다.

그러면 여기서 '부모로부터 신체발부를 받았다.'고 했는데 과연 '받았다'의 주체는 누구입니까?

그 주체는 바로 음형의 이면에서 음형을 끌고 다니는 마음입니다. 마음은 물질적 구조를 갖추고 있

몸은 다시 형(形)과 체(體)로 나뉩니다. 형(形)이란 모양을 뜻하고 체(體)란 재질(材質)을 의미합니다. 체는 음으로서 음식의 영양분이 결집된 것이고, 형은 양으로서 영양분을 재료로 하여 건축한 건축물의 모양입니다. 서양은 영양분에 집착하고 있고, 동양은 건축 구조의 모양에 집착합니다. 어느 쪽도 전부는 아닙니다('명당의 발복'에서 나오는 체(體)의 의미와 비교해 보세요).

지 않아서 공간적으로 구속되지 않는 형이상학적인 존재입니다.

그 결과 마음은 시간의 흐름 속에서 보다 원활한 순환의 리듬을 탈 수 있으며, 동양에서는 마음을 양신(陽神)이라고 표현했던 것입니다.

결론적으로 인간은 신체발부는 부모에게 받고, 받는 것의 주체는 참된 나[眞我]로서 '신체발부'와 '참된 나'가 완전한 하나가 되어 태극의 소우주를 이루고 있는 것입니다.

여기서 우리는 참된 나는 주인이고,
신체발부는 손님이라는 사실을 깨달을 수 있습니다.
주인만 찾는 이는 손님을 무시하기 쉽고, 손님은 쉽게 손상될 수 있습니다.
그런데 주인과 손님이 둘이 아니고 하나인 것이 우주의 이치입니다. 주인과 손님이 하나로 화합하는 것을 일컬어 일음일양지위도(一陰一陽之謂道)라고 합니다.

'신체발부는 수지부모라 불감훼상이 효지시야라.'는 말은 주인인 마음이 손님인 몸을 어떻게 대해야 하는지를 잘 가르쳐주고 있습니다.

램프의 요정

인체는 소우주이며 하나의 태극입니다. 하나의 태극은 자연의 순환 원리에 의해 생명을 영위합니다.

그러면 인간이 병(病)들었다는 것은 무엇을 의미할까요?

그것은 하나의 태극이 둘로 나뉘었다는 것을 의미합니다.

예를 들어 '머리가 아프다'고 합시다. 머리가 아픈 즉시 머리는 하나의 태극에서 벗어납니다. 나는 끊임없이 머리를 생각하게 되고, 머리는 나와 분리되는 것입니다. '소화가 안 된다'는 것도 마찬가지입니다. 나와 위장이 분리되어 위장이 나의 통제 밖으로 벗어나는 것을 의미합니다.

두통이 없어지고 소화불량이 해소되면 머리와 위장은 곧바로 마음의 칠판에서 지워지게 됩니다. 머리와 위장이 나와 합쳐져 다시 하나의 태극으로 완성되며 통일된 것입니다.

병이 들었다는 것은 내 몸의 일부가 나의 통제권 밖으로 나가 버려 조절할 수 없는 상태인 것입니다. 즉 병이 들었다는 것은 내가 나의 주인이 아닌 것입니다.

알라딘의 램프 속에는 '지니'라는 요정이 살고 있습니다. 지니는 무한대의 능력과 힘을 가지고 있습니다. 그리고 그 램프의 주인이 원하는 것 세 가지는 어떤 일이든 다 성취시켜 줍니다. 지니의 능력에 놀란 알라딘은 정작 지니 자신의 소원은 무엇이냐고 반문(反問)합니다. 그러자 지니는 '내가 스스로 나의 주인이 되는 것입니다.'라고 답변합니다.

우리 인간들은 모두 램프의 요정 지니와 같은지도 모릅니다. 육체가 병들어 나의 통제에서 벗어나듯 정신 역시 쉽게 병들어 내 뜻대로 할 수 없는 경우가 대부분이기 때문입니다.

육체나 정신이 나의 통제에서 벗어난다는 것은 곧 내가 그 육체나 정신의 주인이 아니라는 말입니다. 인간의 능력은 무한대라고 하지만 자기가 주인이 되어 자신의 육체와 정신을 통제하기 못한다면 램프의 요정과 다를 바가 없습니다. 자기가 자신의 주인이 된다는 것은 참다운 자유(自由)를 뜻합니다.

대우주는 '스스로 그러한' 자연(自然)을 통해 자유 속에서 살아갑니다. 소우주인 인간 역시 스스로의 주인이 되어 몸과 마음의 병을 고치고 자유로워져야 할 것입니다.

중용(中庸)

태극 속의 중용을 찾아보세요.

동양에서 말하는 중용(中庸)을 찾아봅시다.
중용이란 어느 쪽으로도 치우치지 않는 중정(中正)함을 뜻합니다.

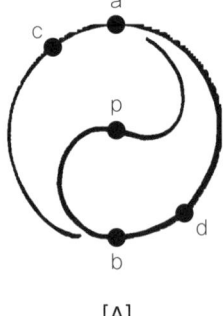

[A]

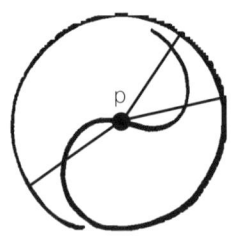

그림 [A]에서 a, b, c, d 네 개의 점에서 중심점 p로 선을 연결시켜 보십시오. 선 $\overline{ap}$와 선 $\overline{bp}$는 순양(純陽)과 순음(純陰)으로 음양의 대립이 없습니다. 즉 현상계에 존재하지 않습니다.

선 $\overline{cp}$와 선 $\overline{dp}$ 역시 순음과 순양으로 음양의 대립이 없습니다.

이 자리 또한 현상계에 드러나지 않습니다.

$\overset{\frown}{ac}$ 사이의 어떤 점을 p로 연결해도 순양이며,

$\overset{\frown}{bd}$ 사이의 어떤 점을 p로 연결해도 순음입니다.

$\overset{\frown}{ac}$와 $\overset{\frown}{bd}$를 제외한 원에 있는 어떠한 점도 점 p로 연결하게 되면, 그 선들은 음(陰)과 양(陽)의 세력이 서로 대립하며 한쪽 힘이 다른 쪽 힘을 주도합니다.

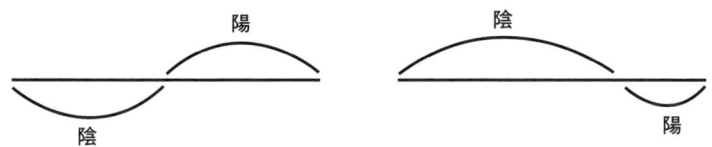

즉 위 그림과 같아지는 것입니다. 태극도를 통해 찾을 수 있는 동양의 중용이란 이와 같습니다. 중용을 취한다고 해서 가운데만 서 있는 것이 아닌 것입니다.

삼태극(三太極)

여름에 선풍기나 지하철 환승역의 표시를 보면 삼태극(三太極) 도형을 볼 수 있습니다.

천지는 음양으로 맞물려 있으며, 그것은 인간의 인식체계를 넘어서는 자연의 실상입니다. 그래서 태극도는 변할 수 없는 진리의 모습입니다.

그렇다면 삼태극도(三太極圖)는 무엇일까요?

동양에는 삼재(三才)라는 표현이 있습니다.
삼재란 하늘과 땅과 인간을 말합니다.

삼태극이란 바로 천지가 이루는 태극에 천지의 관찰자인 인간을 합쳐서 그린 것입니다. 하늘과 땅은 조화를 일으켜 인간을 낳았습니다. 그 인간은 하늘을 아버지로 하고 땅을 어머니로 하여 그 중간에 살고 있습니다. 천지에서 인간을 빼 버리면 참으로 공허해집니다. 인간이 천지를 알아주고 그 뜻에 따르려고 노력할 때 천지는 가치가 있습니다.

삼태극은 무극(無極)과 태극(太極)과 황극(皇極)으로 이루어졌다고 할 수 있습니다. 황극은 《서경(書痙)》의 홍범(洪範)에서 처음으로 설명되는데, 임금이 백성을 다스리는 데 있어 크고도 올바른 왕도(王道)를 나타냅니다.

무극은 하늘을 대표하고, 태극은 땅을 대표하며, 황극은 인간을 대표합니다. 마찬가지로 삼재(三才)로서 천지인(天地人)을 비유할 수 있습니다. 즉 삼태극이란 하늘과 땅에 인간을 보태어 천지간에 가장 귀한 존재가 인간임을 밝히고 있습니다.

삼태극은 동양이 가지고 있는 인본주의(人本主義)의 표상(表象)이라 할 수 있는 것입니다.

시각 바꾸기

음과 양의 이치를 체득하는 데 있어 가장 어려운 점은, 음형(陰形)은 보이는데 양기(陽氣)는 볼 수 없다는 점입니다.

양기는 항상 음형의 껍데기를 쓰고 그 속에 숨어 있기 때문입니다. 그래서 우리의 오감(五感)과 지각(知覺)은 음형만 파악하기 일쑤입니다. 그러나 이러한 시각은 우주의 실상 중 절반밖에 보지 못하는 잘못된 것임을 알아야 합니다.

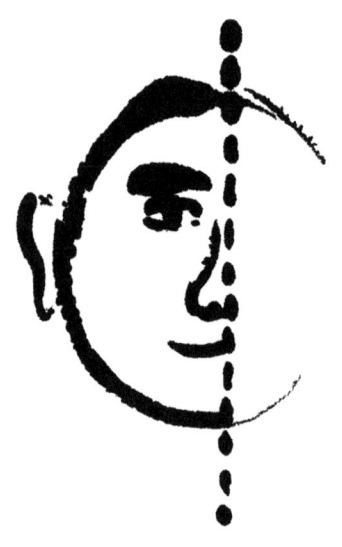

'보이는 것'이 절반이고, 그 이면에 '보이지 않는 것'이 절반으로 숨어 있습니다.

'보이는 것'만을 고집하는 것은 사람을 판단할 때 그 사람의 외모만 보고 마음은 무시해 버리는 것과 같습니다.

마음은 눈에 보이지 않으니 말입니다. 왜 '보이는 것'만 믿어서는 안 되는지 예를 들어봅시다.

시원한 한강 다리를 달리며 차창 밖을

내다본 적이 있습니까? 다리 옆으로 수많은 난간들이 세워져 있습니다. 그런데 재미있는 것은 난간을 보다가 눈의 초점을 바꾸어 강을 바라보면 수많은 난간들이 안개처럼 흐려지며 사라지고 강물만 시야에 들어옵니다.

다시 난간에 초점을 맞추면 난간이 보이면서 강물은 제대로 보이지 않습니다. 강물과 난간은 여전히 존재하지만 우리의 눈은 초점에 따라 전혀 다른 정보를 뇌에 전달하고 있습니다.

다리를 지나는 동안 난간에만 초점을 맞춘 사람은 강을 못 보게 되고, 강물에만 초점을 맞춘 사람은 난간이 없다고 할 겁니다.

현대의 이론 물리학은 이런 이야기도 합니다. 시간을 무수히 미분했을 때 우리 눈앞에 보이는 사물은 규칙적으로 보였다 없어졌다 한다는 것입니다. 그 말이 사실이라면 우리 시야에 보이는 모든 사물들은 한강 다리의 난간과 같은지도 모릅니다. 우리 눈이 난간에 초점을 맞추었기에 난간이 보이듯, 우리 눈이 사물에 초점을 맞추고 있기 때문에 사물이 보이는 겁니다.

난간 너머 강물에 초점을 맞추는 순간 난간이 없어지듯 사물[陰形]의 이면[陽氣]에 초점을 맞추는 바로 그 순간에 사물은 없어질 수 있는 것입니다.

그럼에도 불구하고 왜 끊임없이 사물이 보이는 걸까요?

눈은 사물[陰形]을 보기 위해 있기 때문입니다. 우리의 눈은 보는 일에만 충실합니다. 판단은 눈이 내려서는 안 됩니다. 판단은 우리 마음속의 지혜가 하는 것입니다.

또 다른 예를 들어봅시다. 강가의 둑에서 내려다보는 강물은 평화롭기 그지없습니다. 어린 시절에도 그랬고 나이가 들어서도 마찬가지입니다. 고향의 긴 강둑에는 해마다 코스모스를 심었는데, 가을이 되면 코스모스가 아이들 키만큼 자라 멀리서 보면 녹색의 구름이 넘실거리는 듯했습니다. 빨갛고 하얀 코스모스 꽃들이 피면 녹색의 구름 위에 수채화 물감을 뿌린 듯 아름다웠습니다.

어쨌든 강둑에서 내려다보는 강은 일 년 전이든 어제이든 오늘이든 늘 같은 모습을 하고 있습니다.

우리의 시야에 변함없는 풍경을 보여주고 있는 겁니다.

그런데 그 강의 주체인 강물은 어떻습니까? 오늘 보는 강물이 어제와 같습니까?

우리의 눈은 같은 강을 보여주고 있지만 실상은 어제와 전혀 다른 강을 보고 있는 것입니다. 강은 끊임없이 바뀌고 있습니다.

사람의 몸도 강물과 같습니다. 사람의 몸은 단 1초에도 수백만의 세포가 죽어가고 수백만의 세포가 새로 태어나 교체됩니다. 특히 상피 세포와 위장관(胃腸管)의 점막 세포는 가장 빠른 속도로 바뀝니다. 이 같은 사실로 볼 때 몇 년 만에 만난 친구는 그 사이에 전혀 다른 몸을 입고 나타난 셈입니다. 외모는 크게 달라진 것이 없지만 그 친구의 몸을 구성하는 기본 물질은 몇 차례 교체되었기 때문입니다. 몸만 이야기한다면 그 친구는 몇 년 전의 친구가 아니고 전혀 다른 사람인 것입니다.

우리의 시각은 경직되어 있습니다. 사물은 '보이는 것' 이면에 '보이지 않는 것'을 감추고 있습니다.
또한 시간의 흐름 속에 끊임없이 자기의 모습을 바꾸고 있습니다. 경직된 고정관념을 버리고 자연의 참모습을 보아야 합니다. 겸허한 마음으로 자신을 비우고 자연의 리듬에 몸과 마음을 맡길 때 자연은 비로소 참모습을 드러내는 것입니다.

음양을 마치면서

음과 양은 인간이 만든 인식 체계 속의 약속도 아니고, 철학(philosophy; 인간의 지혜를 사랑함)도 아닙니다.

낮과 밤이 끊임없이 바뀌고 있는 자연의 실상이자 기본 원리입니다.

이제 음양을 발판삼아 오행(五行)으로 넘어가 봅시다.